予算5000円以内！

東京の老舗を食べる

安原眞琴
画・冨永祥子

亜紀書房

p.42

ちゃんこ川崎の名代ちゃんこ

元祖ちゃんこ鍋屋で食べるちゃんこ鍋は、なんとも身体にやさしい味がする。輝きのある美しく澄んだスープが絶品。3130円。

☞ p.48

嶋村の幕末会席

将軍様に供していた
幕末会席は、
土曜日限定メニュー。
どれも美味だが、
なかでもおすすめの逸品は、
ふっくらと上品な味わいの
鯛の煮付け。
3800円。

p.54

花ぶさの花ぶさ膳

一品料理を出す料理屋で、美味いものばかりを集めたお膳が気軽に食べられる。なんと考案者は常連だった池波正太郎。３７００円。

p.60

おつな寿司の4630円コース

名物はお稲荷さん。とてもユニークで、油揚げの裏のふわふわしている方を表にしてある。魚料理がこれまたおいしい。4630円。

p.66

笹乃雪の朝顔御膳

伝統のあんかけ豆富から定番の冷奴、白酢あえなど、歴史あるさまざまな豆腐料理が、根岸の里で気軽に味わえる。２８００円。

p.72

伊勢重のすき焼き

上質の牛肉を初代から受け継がれた
割下で煮て食べる。
火力はもちろん備長炭。
東京最古参のすき焼きがここにある。
お昼の上すき焼きBセット
４２１２円（＋奉仕料10％）。

p.78

とよだの彩御膳

刺身、煮物、椀物など、どれもしっかり味がついているのに上品で洗練されている。さりげない職人技が光る、これぞ和食。３７８０円。

p.86

いせ源のあんこう鍋

都内で唯一のあんこう鍋の店。コラーゲンたっぷりで、お野菜も豊富。もちろんあん肝も入っている。シメの雑炊もおいしい。一人前３５００円。

伊勢廣の焼鳥7本コース

焼き鳥の肉が大きい。
しかも鶏肉、野菜、塩、
炭に到るまでこだわりぬいている。
一度食べたら忘れられないおいしさだ。
4860円。

☞ p.92

☞ p.98

桜なべ中江の
桜鍋ロース

東京の名物・桜鍋。
味噌を隠し味に使った、
一子相伝の割下で食べる肉は、
やわらかくまろやかで、
いくらでも食べられる。
一人前1700円。

p.104

亀戸升本の亀戸大根あさり鍋

幻の江戸野菜といわれる亀戸大根。小さく食感のよいこの大根に、相性抜群のあさりをまぜた鍋は、ほっこりした味がする。

2750円（一人前。注文は二人前から）。

ももんじやの猪鍋

江戸で山くじらやももんじなどと
呼ばれていた猪。
その伝統を今に伝える
猪鍋屋で扱うジビエは、
最高ブランドの丹波産のみ。
4000円。

p.110

p.118

大黒家天麩羅の海老天丼

丼からはみ出す色黒の海老天にビックリ。看板メニューの海老天丼は、見た目の印象とは裏腹にあっさり上品な味わい。1950円。

p.124

煉瓦亭のカキフライ

日本独特の料理・洋食は、
この店で誕生した。
懐かしさを超越した
洗練された味に驚かされる。
冬の一押しはカキフライ。
１５００円。

蓬萊屋のひれかつ定食

小津安二郎が愛したこの店は、100年間ひれかつ一筋。ひれなのにジューシーなお肉と薄い衣のバランスが絶妙だ。2980円。

p.130

☞ p.136

まつやのもりそば

こしのある手打ち蕎麦を、
初代から受け継がれた、
さっぱりしたちょっと辛めの汁で
つるっと食べる。なんだか粋だね。
６５０円。

p.142

黒船亭のビーフカレー

ジョン・レノンとオノ・ヨーコ夫妻も食べに来た洋食屋。
デミグラスソースも有名だが、
一手間かけた定番のカレーも美味。
１４００円。

☞ p.148

尾張屋の天ぷら蕎麦

丼に収まりきらない車海老の天ぷらが、
細くてこしのある蕎麦の上にのっている。
永井荷風も常連だった浅草の名店だ。
1400円。

p.154

玉ひでの元祖親子丼

ふわふわにとろけた玉子と
最高級の軍鶏がおりなすハーモニー。
ここは親子丼の発祥地。
さすが元祖親子丼は一味ちがう。
ランチ1500円。

☞ p.162

大多福のおでん

澄んだ出汁に
きれいに並べられたおでんは、
目と口で楽しめる。
浅草観光の帰りに立ち寄る
外国人常連客も多いとか。
1種110円〜530円。

井泉のかつサンド

肉料理なのにナイフもフォークも必要ない。ここのとんかつは箸で切れるからだ。元祖かつサンドはお土産にどうぞ。6切れ900円。

p.168

p.174

伊豆榮 梅川亭の姫重

江戸時代のお弁当箱のような、かわいいお重に入った姫重。上野公園の森林を見ながら気軽に食べられる贅沢な一品。3780円。

p.180

砂場総本家の もりそば

豊臣秀吉の頃から続く蕎麦屋。
伝統の味を守り伝えて四百年余。
のどごしのよい蕎麦と秘伝のかえし。
これぞ老舗の味だ。
６５０円。

p.186

川甚の花コース

夏目漱石や
手塚治虫など
多くの著名人が訪れた
川魚料理の店。
都内では稀少な鯉料理を
郊外の川風とともに楽しもう。
４２８５円。

☞ p.192

浅草むぎとろのむぎとろ昼膳

コクと栄養があり
高級食材として知られる
やまといも。
それを使ったむぎとろが、
目にも鮮やかな料理とともに
いただける。
3900円。

おしながき

menu

ようこそ老舗へ

桜なべ中江　四代目ご主人　中江白志さん

老舗料理店とは

一、五〇年以上にわたって続いているお店
一、町や人の歴史と共に歩んできたお店
一、食のみならず日本伝統の生活文化にも触れられるお店
一、何より、おいしくて楽しいお店

はじめに

二〇二〇年に、東京オリンピックが開催される予定です。それに伴って「おもてなし」「和食」「クールジャパン」といった言葉が連日メディアを賑《にぎ》わし、日本文化があらためて見直されつつあります。しかしながら現実はどうでしょうか。

たとえば今、職人さんが激減していると聞きます。大量生産の安価なものに取って代わられるのは仕方のないことかもしれませんが、それぞれの道の職人さんがいたからこそ、文化が生み出され、受け継がれてきたのではないでしょうか。鍛錬と工夫を凝らしながら積み重ねてきた歴史なくして、何を文化というのでしょう。

東京の老舗はどうでしょうか。老舗もしばしばメディアで華々しく取り上げられるので、にわかには信じられないかもしれませんが、実は職人さんと同様に、絶滅の危機に瀕していると いっても過言ではないのです。

これは一つには、一般家庭でもかつての「家」の在り方が崩壊しつつあるなか、日本の老舗のほとんどが、昔ながらの「家業」というやり方で商いをしているからです。もう一つは、東京ほど変化の激しい都市はないからです。昨日まであったお店が、今日は別のお店になっているということも珍しくありません。もちろん、大正一二年（一九二三）には関東大震災、昭和二〇年（一九四五）に東京大空襲にも見舞われているので、東京は二度にわたって、ほぼ全域が一新されたことも影響しています。

筆者は一〇年以上東京の老舗めぐりをしており、その間一〇〇軒以上のお店に行きましたが、少なくともその一割がすでに廃業しています。また、奇跡的に古い建物が残っているお店もありますが、耐震規制の問題や土地の再開発などにより、今後ビル化していくことでしょう。

東京の老舗は、食はもとより、町や建物などの精神的、物質的な記憶を留めた稀有な文化といえます。いいかえれば、江戸・東京の歴史的な記憶を宿した最後の砦のようなものです。その一方で、飲食店は生活に密着した身近な存在であり、また文化財のような過去の遺産ではなく、今を生き続けている文化でもあります。そのため、ともすれば文化とはみなされにくい傾向にあるように思われます。

ところで、老舗と聞くと、「頑固」「敷居が高い」「お高くとまっている」といったイメージを抱く人が少なくないのではないでしょうか。しかしそれは、地方や過去の老舗はいざしらず、現在の東京の老舗には当てはまりません。大手や外資も参入し、外食産業の競争がますます激化している東京で、老舗だからとお高くとまっていては、たちまち淘汰されてしまいます。そしてなにより、そもそも東京には、高級なお店などなかったのです。

名にし負はばいざ言問はむ都鳥　わが思ふ人はありやなしやと

これは、平安時代の歌物語『伊勢物語』に収められている有名な和歌です。京都から東京に下ってきた在原業平とされる主人公の貴族が、隅田川で都鳥を見て、「都」すなわち京都を思い出し、望郷の念にかられて詠んだものです。このように、かつての東京は、首都だった京都から遠く離れた、辺境の地に過ぎませんでした。この鄙《ひな》びた東京が、百万人都市といわれる、当時では世界的にも珍しい大都市に変貌したのは、江戸時代も中期以降のことです。京都に比して、ずっと新しい街なのです。

東京に飲食店ができたのもこの頃です。忙しく働く大勢の庶民の胃袋を満たすために、安くてすぐに食べられる、落語の「時そば」さながらの屋台が作られました。もちろん天ぷらや鰻、寿司なども同様です。幕末の一八六〇年には、蕎麦屋だけでも江戸に三七六三軒あったそうです。老舗はいわば「庶民のファストフード」だったのです。

これらとちょっと異なるのは「料亭」です。江戸時代には東京に吉原という遊廓があり、その中の「茶屋」で、仕出し料理が提供されていましたが、明治以降、近代になると、政府によって吉原以外の地域にも多くの花街が創設されました。現在東京の花街は、「六花街」と呼ばれる向島、浅草、新橋、日本橋芳町、赤坂、神楽坂、および八王子市にしか残っていませんが、戦前までは東京二三区のうち二一区にありました。

それらの新たな花街では、坂口安吾の妻で向島の料亭を実家に持つ三千代の『クラクラ日記』にも記されているように、戦前までは「待合」が料亭の役を担っていました。花街における「待合」は、遊廓の「茶屋」と「遊女屋」を兼ねたような存在で、ここには調理場はなく、料理は「料理屋」から運ばせていました。しかし、戦後「待合」が廃止されたため、待合と料理屋を兼ねた「料亭」が誕生したのです。

このように、料亭の多くは本来、芸者衆と遊びながら食事をする空間だったので、そこでは目にも美しく、お酒を呑みながら少しずつ食べられる、会席料理が提供されます。花街が衰退した今、料亭も激減しているので、古い歴史ある食文化の一翼を担う貴重な存在ですが、本書の趣旨とは少しずれるので、今回は取り上げませんでした。できれば料亭には、料理を食べるだけではなく、遊びも楽しむくらいの、心の余裕を持って訪れたいものです。

さて、はなしを庶民のファストフードに戻しましょう。味に定評があるなどして、客をさばくのに屋台では手狭になったお店が、店舗を構えるようになりました。それが現在でも続いているのですから、老舗は長きにわたって庶民に親しまれてきたお店といえましょう。多くの庶民においしいと思われてきたからこそ残ったのです。

本書では、おいしいのは当たり前なので、味については詳しく触れず、代わりに御主人へのインタビューをもとに、各老舗の物語《ストーリー》を記録することを心がけました。老舗の御主人と聞くと、これまた「頑固親父」をイメージされるかもしれませんので、女性もいらっしゃれば、男性では、年齢に関係なく、小粋でお洒落な、今でいえばイケメンの方ばかりであることを付け加えておきます。

それから、本来庶民のためのお店だったので、今でもちょっと奮発すれば普段でも行けるお店を選びました。また、昭和も遠くなってきたので、江戸時代に限らず、明治、大正、昭和四〇年頃までに創業したお店を収めました。さらに、老舗には寿司屋、天ぷら屋、鰻屋、蕎麦屋が多いのですが、選択の幅を広げるために、できるだけ食べ物の種類が豊富になるようにしました。

本書が、東京の老舗の記録として、また老舗応援の書として、そしておいしいオススメ本として、みなさまのお役に少しでも立てば幸いです。

◎本書で紹介する老舗は、消費税・サービス料（奉仕料）込み五〇〇〇円以内でお食事ができるメニューのあるお店に限定しています。ただし、夜のお食事では、五〇〇〇円を超すお店もあります。その場合は昼の料理の価格であることを記してあります。また、お酒のお値段は五〇〇〇円に含まれておりません。別途ご用意いただき、お酒をお楽しみください。
◎本書のメニュー価格は、税込表示です。
◎なお、営業時間、定休日、価格等は二〇一五年六月現在のものです。今後、価格改定の可能性があります。

1

親孝行に、接待に、デートに、とっておきの隠れ家

ちゃんこ川崎

ちゃんこかわさき

川崎は、両国国技館の近くにある、日本で最も古いちゃんこ鍋屋である。が、そもそも「ちゃんこ鍋」とは何か、「ちゃんこ鍋屋」とは何なのか。元祖ちゃんこ鍋屋のご主人からうかがう話は、目から鱗の連続だった。

初代は横手山というお相撲さんだった。昭和六年に髷《まげ》を切り、昭和一二年に現在地で開店した。ちゃんこはそもそもは鍋のことだけを指していうのではなく、力士の食べ物の総称だ。お相撲さんが食べれば何でもちゃんこというが、相撲部屋に女手がなく、日本が貧しかった時代には、簡単に作って食べられる鍋が重宝されていた。これが「ちゃんこ鍋」だ。そしてそれを、力士だった初代が店で一般客に提供した。これが「ちゃんこ鍋屋」の始まりである。

ただ、ちゃんこ鍋という名称が知れ渡るのは、もう少し後のことだ。一説によれば、第四五代横綱・初代若乃花の長男が、ちゃんこ鍋の熱湯をかぶったために亡くなってからだという。昭和三一年のことである。その記事がメディアで報じられたのを機に、お相撲さんはちゃんこ鍋を食べていると知られ、それを食べればお相撲さんのように元気になれると話題になった。いまだ食べるために相撲部屋に入門する者が多かった時代である。

ちゃんこ鍋屋が世間に珍しくなくなるのは、さらに後のことだ。昭和三九年に開催された東京オリンピックを境に、日本は急速に近代化の道を歩み始める。人々の生活が豊かに

なるにつれ、飲食店が町にあふれ、種々の鍋料理屋も誕生した。ちゃんこ鍋屋はそんな時流に乗って広まっていったのである。

　このような時代の変遷をよそに、川崎では初代の味を守り続けている。なにも頑固だからではない。代々の家業を淡々と継いできただけである。三代目の御主人は言う。

「特徴があるとすれば、女房と子どもと私と、三ちゃん商売でやってきた個人企業だということです。板前さんがいるわけでもない。店がうちでもある」。江戸っ子っぽい早口でくったくのない語り口が心地よい。

　では、なぜ初代は両国に開店したのだろうか。一つには国技館があったからである。もちろん両国橋のたもと、回向院の隣に建っていた、「大鉄傘《だいてっさん》」と呼ばれるドーム型

の屋根が目印の旧国技館だ。昭和二〇年の東京大空襲による破損以後、蔵前への移転を経て、昭和五九年に完成したのが現国技館である。とにかく慣れ親しんだもとの職場近くに店を構えたのである。

もう一つには、両国が東京における鶏の集積場だったからだ。冷蔵技術のない時代、小岩や市川などの東京近郊の養鶏場から、生きたままの鶏が総武鉄道で運ばれ、しばらく終着駅としての役割を担ってきた両国駅でさばかれていた。つまり、新鮮なおいしい地鶏が安価で入手できたので、ここに鶏肉のちゃんこ鍋屋を開いたのである。

ところで、ちゃんこ鍋には鶏肉しか使われないとされ、理由は二本足で立つのが縁起がよいからだと、まことしやかに囁かれている。しかし、ブロイラーが開発される以前の鶏肉は高級肉だった。そのため相撲部屋ではおめでたい時にしか食べられなかった。つまり特別なご馳走だったのである。巷の噂は誰かの験《げん》担ぎから広まったのだろう。

閑話休題。川崎での鍋の作り方は昔から変わらない。最も重要なのは仕込みである。朝から昼過ぎまで数時間かけて作られる。二百羽分の鶏ガラで白濁のスープを作り、そこに秘伝の味つけをする。下味のついた、灰汁《あく》のない、きれいに澄んだ、コラーゲンたっぷりのゼラチン状のスープの素が、寸胴いっぱいにできあがる。三代目は「このスープのお陰で両国村までお客さんが来てくれる」と自信をのぞかせる。

鍋を注文すると、そのスープに具材を投入し、火がかけられる。白菜、大根、葱など野菜が中心なので、胃にもたれず、栄養のバランスもよい。鶏肉と鶏モツも入る。丁寧な仕込みのお陰で、鶏肉はやわらかく、モツからは灰汁も出ず、臭みも全くない。「嫌いな人でも食べられます」と三代目。また、スープの素につけた下味のみで、わざと味を加えず薄味にしてある。「鍋は自分で塩梅するのが一番」だからだ。

黒塀をめぐらせた風情のある建物は戦後すぐのもの。玄関に架かる今では珍しい手書きの絵看板も味がある。三代目は「デートは鍋がいい。会話も生まれるし、相手の性格も分かる」という。その際は、店で自慢の冷や酒「白雪」の勢いも借りて、勝負に出よう。

5000円以内で食べたいメニューの一例

名代ちゃんこ　3130円

焼き鳥　810円

平やき　860円

ちゃんこ川崎

東京都墨田区両国2－13－1

電話03－3631－2529

[営業時間]

月～金　　17:00～22:00

土　　　　17:00～21:30

[定休日]

日曜・祝日(大相撲東京場所の初日の日曜は営業。GW・盆時期・年末年始休)

JR総武線両国駅西口より徒歩3分

嶋村
しまむら

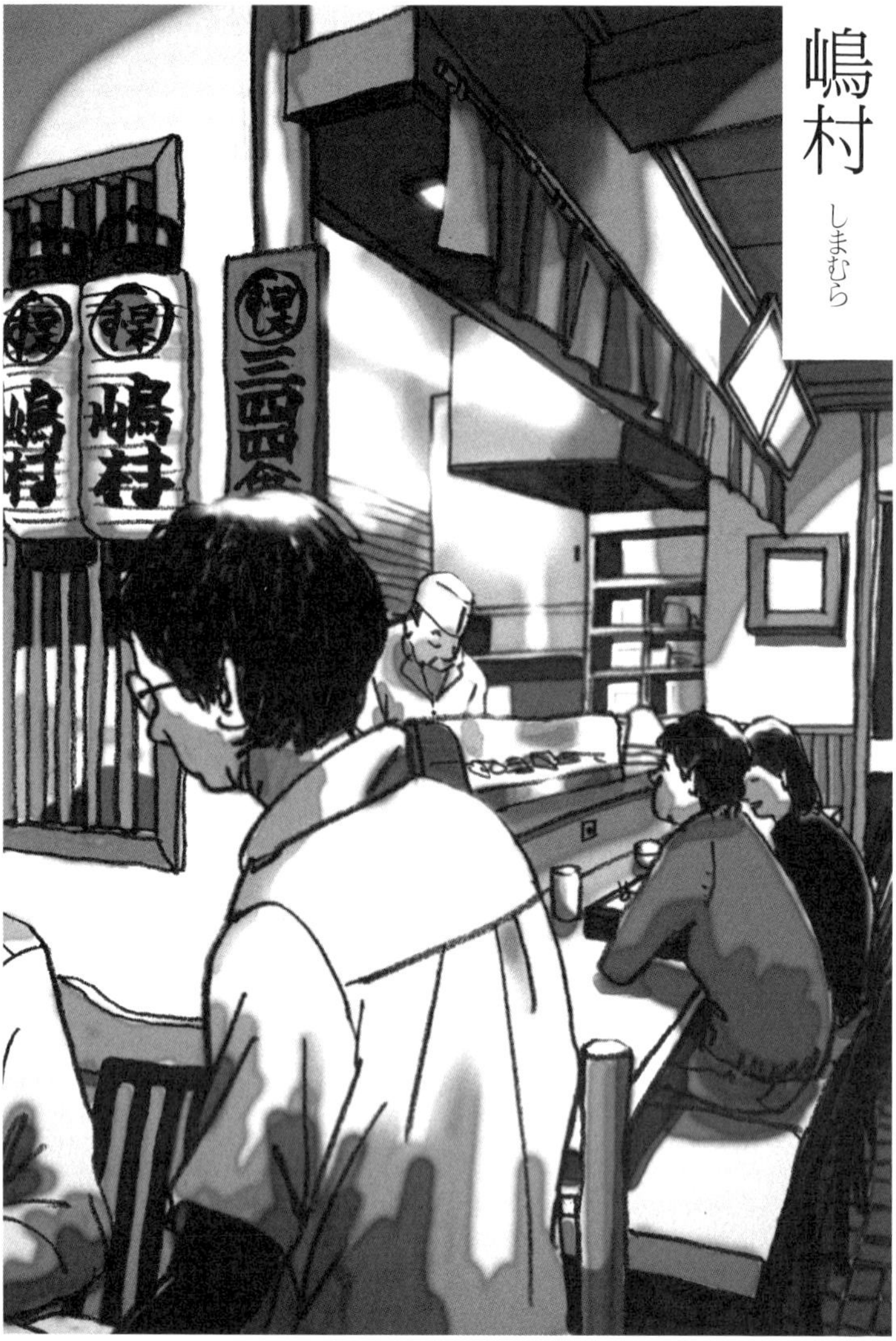

日本の玄関口・東京駅は、二〇一四年に開業一〇〇周年を迎えた。嶋村は、東京駅を中心にすると、皇居（旧江戸城）と背中合わせの八重洲側にある。間口も狭くあまり目立たないため、知らないと通り過ぎてしまうかもしれないが、実は「あがりの八百善、仕出しの嶋村」と並び称された江戸時代から続く名店で、客筋も庶民ではなく将軍様だったという。

嶋村の創業は嘉永三年（一八五〇）。「檜物町」と呼ばれた日本橋通り四丁目で開業した。ここは江戸の中心地で、大店《おおだな》が並び武家屋敷も近かったので、それらの上客に贔屓にされるうち、評判が江戸城にも達し、ついに西の丸御用になったという。

西の丸とは将軍の隠居所や世子の居所とされたところで、現在の宮殿が建てられている場所にあった。嶋村のエピソードの一つに、初代が仕出しの折に、安政七年（一八六〇）に起こった「桜田門外の変」に居合わせたというはなしが伝わっている。大老の井伊直弼（一八一五～六〇）が桜田門外で暗殺された歴史的大事件を目撃したわけだ。

このような将軍家とのご縁に報いるために、最後の将軍慶喜（一八三七～一九一三）が慶応三年（一八六七）に大政奉還をして駿府に隠棲した時に、嶋村の初代と二代目も、将軍に従って駿府に行ってしまった。そのため、江戸あらため東京では、残された番頭が嶋村の三代目として店を継いだという。

そして、明治元年か二年頃、それまで「仕出屋」としてやってきた嶋村は、店内にお客さんをあげて料理を提供する「あがり屋」に転身し、あらためて営業を始めた。高級料理屋として店を構えた嶋村には、新政府の政治家をはじめ、作家や歌舞伎役者など有名人が集まった。店の隣に春陽堂という出版社があったので、しばしば出版記念式典や授賞式などに使われ、久保田万太郎や田山花袋、永井荷風などの名だたる作家も訪れたという。

しかしその店舗も、大正一二年の関東大震災で全焼し、いったん再建するも昭和二年の東京府による区画整理で縮小された。新たな店舗も木造の立派な料亭で、二間の階段が三階まで吹き抜けで伸びていたそうだが、それも昭和二〇年の東京大空襲で焼失した。戦後再建された建物は、以前ほど大仰ではないものの木造三階建てだったが、古くなったため昭和五一年に八代目の現在の御主人によって鉄筋コンクリートのビルに建て替えられた。そして今後、東京駅前の八重洲地区は、二〇二〇年の東京オリンピックに向けて区画整備が行われ、嶋村も含めあたり一帯が巨大ビル街に生まれ変わる予定である。

さて、八代目の祖父である六代目は、明治二〇年から昭和三五年まで生き、「最も長く店をやっていた人」だったので、その息子の七代目は主に邦楽界に身を置いて、清元の師匠をしていた。かつて嶋村があった日本橋檜物町は、泉鏡花の『日本橋』にも描かれているように、花柳界があり芸者が大勢いたので、その筋からの需要も高かったのではなかろうか。

嶋村の今を担う八代目は、飄々としながらも地道に、店の継承と発展に力を注いできた。店舗の建設もさることながら、伝統料理の復活と普及は、ちょっとした大改革だった。創業以来変わらぬ料理を会席風にまとめて「幕末会席」と命名し、土曜日限定メニューとして提供したのである。仕入れ値や手間賃を入れると倍以上するようだが、「町の活性化のために」と破格の価格設定をしている。

「幕末会席」の中身は、胡麻酢あえ、うずら椀、鯛の刺身、蒸し玉子、鯛のかぶと煮、金ぷら、お味噌汁、ご飯、水菓子である。

金ぷらは、新しもの好きで見栄っ張りの江戸っ子が、天ぷらよりも美味いものをと、玉子の黄身だけで衣を作り、ごま油だけで黄金色に揚げた天ぷらのことである。これはいわば流行食として他店でも提供されていたが、うずら椀と蒸し玉子は嶋村が江戸城に仕出しをしていた時に考案したオリジナル料理だ。

うずら椀は、そぼろとミンチ状にしたうずらを合わせ、醤油とみりんであたりをつけて(味を決めること)方円状に蒸し、完成したら一六等分に切り分け、江戸城など注文のあったところに持って行き、その具材を椀にきめて熱い出汁をかけて提供するというものである。

蒸し玉子は、かつては焙烙《ほうろく》蒸し玉子と呼ばれていたもので、椎茸や鶏肉の出汁のきいた玉子を焙烙(素焼の土鍋の一種)で蒸し、ケーキのように何等分かに切ったものである。焙烙

と呼ぶのでは分かりにくいので宝楽となり、それでも分かりにくいので蒸し玉子に落ち着いたそうだ。

右同様の自慢の鯛のかぶと煮も含め、基本的な作り方は変わらない。しかしながら、「時代ごとに味覚は変わるので、味はつねに工夫している」という。我々がおいしいと思う「幕末会席」も、将軍が召し上がったら薄味に感じるかもしれない。

5000円以内で食べたいメニューの一例
佐賀県産すっぽん鍋　3680円
宝楽むし玉子　864円
野菜炊合せ　864円
鯛かぶと塩焼、照焼　1944円

嶋村
東京都中央区八重洲1－8－6
電話03－3271－9963
[営業時間]
昼　11:30～14:00
夜　16:30～22:30
[定休日]
日曜・祝日

JR各線東京駅より徒歩2分
銀座線、浅草線、東西線日本橋駅より徒歩2分

花ぶさ
はなぶさ

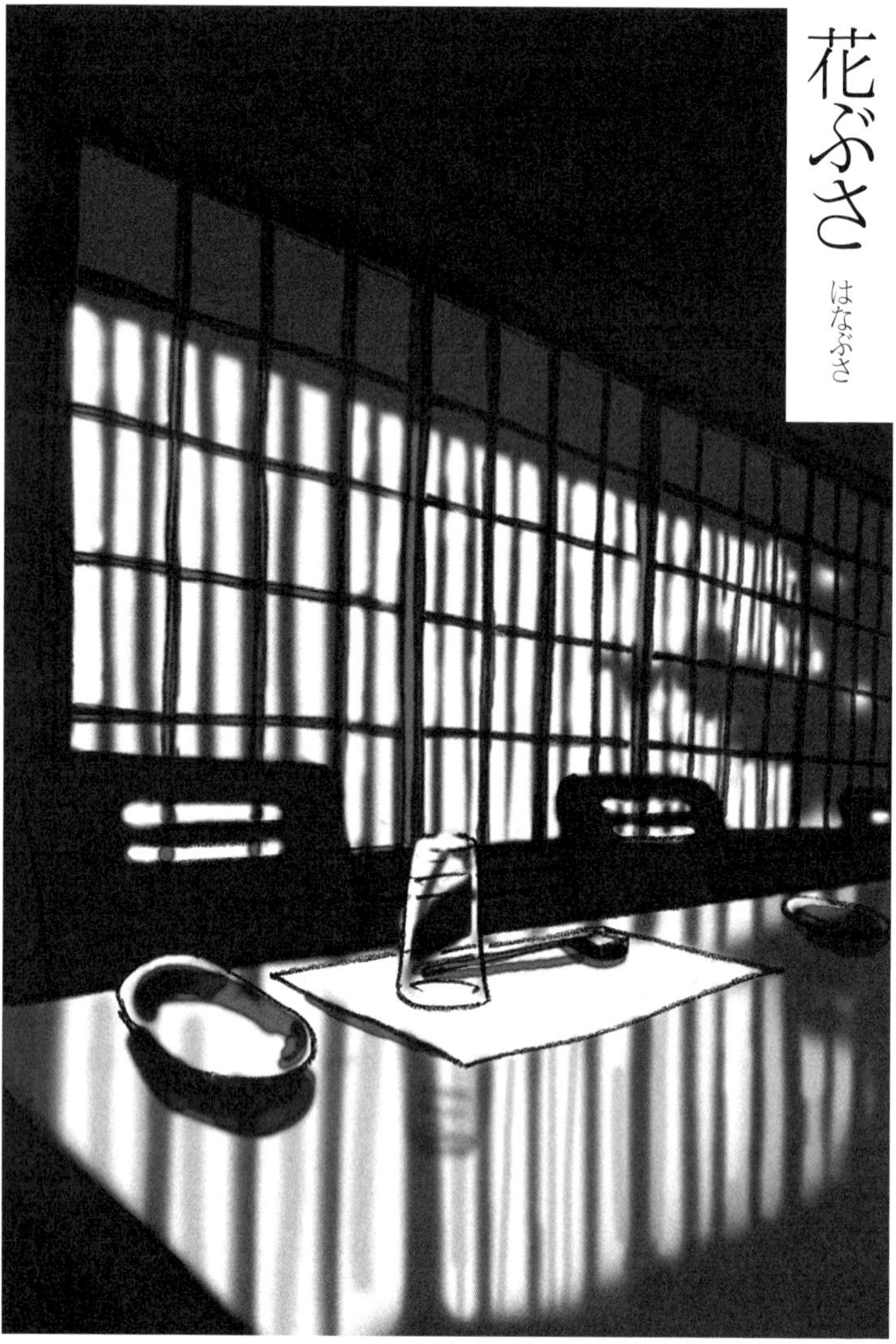

「うちは料理屋ですから…」。控え目で口数の少ない二代目の大将が小声で口にしたこの言葉を、いったい今どれくらいの人が理解できるだろうか。

末広町にある花ぶさの前身は、万世橋付近で営業していたとんかつ屋だ。屋号は、その旧町名「花房町」と先代の女将の旧姓「花村」に由来する。現在の店は、昭和三九年の東京オリンピックの時にできた、本書の中では最も新しい老舗だが、今年で九五歳になる大正生まれの女将の料理屋魂は、孫である二代目の大将にしっかりと受け継がれている。

平成二五年に「和食」が世界遺産(ユネスコ無形文化遺産)に登録された。食そのものではなく、食に関する社会的な習慣が文化として認定されたという。例えば、正月に雑煮を食べる習慣や、人をもてなす時に会席料理を出す文化といったことが、残すべき無形の文化として世界的に認められたのである。

そこには外食文化も含まれよう。日本では、特に江戸・東京では、外食が非常に盛んであり、それが今日の老舗にもつながっている。なかでも日本料理は「和食」の代表格といってよいだろう。その日本料理店のことを、かつては料理屋といった。もちろん今でも料理屋を名乗る店は多いが、かつての料理屋とはかなり趣が異なるようである。では、料理屋とは何か。

近年では、料理の内容や特徴を大声でアピールする店が増えており、客もそれを好む傾

向にあるが、料理屋はその対極にある。客との対話の中から、次第に特徴が形作られていくのである。「大将、今日何あるの」「松茸があります」「じゃあ、かき揚げにしてくれる」といった対話から始まり、客に遊ばれながら育つ。

「お前の吸物はまずいな」と言いながらも、何度も足を運んで注文する客がいたという。「そう言われると、じゃあ次はこうしてみよう」などと工夫する。「別に本当にまずいわけじゃなくて、遊ばれながら味が決まっていく。だから味は、お客さんが作ってくれるもの、決めてくれるものなんです」

そのためメニューもなかった。料理屋とは、お仕着せをすすめるのではなく、旬のおいしいものを仕入れておき、客が来て求められた

ときに料理を作るところだからである。味付けも同様で、一人一人の客の好みを頭に入れておき、何も言われなくても好みに合わせて塩梅する。基本がしっかりしているからこそ、臨機応変の対応ができるのである。

二代目は、先代の祖母が高齢になり跡を継ぐ者がいなかったので、父に相談。別の仕事に就いていた父は仲介役をかってでてくれたものの、喜んでくれるはずの祖母は猛反対。飲食業の厳しさを知るだけに、かわいい孫に苦労をかけさせたくなかったのだろう。それでも諦めず、認めてもらおうと自ら修業の旅に出た。

まず、金沢の老舗料亭・金城樓に弟子入りした。そこにはちょうどかつて花ぶさで煮方を務めていた職人さんが副総料理長、板場を任されていた職人さんが料理長として働いていた。次に、そこで知り合った仲間を頼って九州にふぐ料理の修業に行った。料理のバリエーションを増やしたいと思ったからだ。数年の修業を経て祖母にも認められ、晴れて二代目を継ぐことになったが、今も「人のつながりは大切」と感謝の念は忘れない。

　つながりといえば、花ぶさと縁の深い著名人に池波正太郎がいる。人気メニューの「千代田膳」も、常連だった池波正太郎の好みから生まれ、命名されたものである。自ら甘い物好きであり、女性には水菓子よりも甘い物の方がよいだろうと池波は、膳に善哉《ぜんざい》を付けた。「昔の人が遊んで作った」という善哉の器は、手にすっぽり収まるサイズでなんともかわいらしい。また、三〇年ほど前までは二本のお酒も付いていた。二合呑むのを常としていたからである。

　かつてはメニューも看板もなかった花ぶさだが、一〇年ほど前からお品書きは作るようになった。料理屋を知らない客が増えたためである。

　誰でもはじめは初めての客なので、メニューはよい手引きとなる。でも次からは、それだけに頼らずに「今日は何があるの？」と尋ねてみよう。その次にはもう一歩踏み込んで、食べたいと思う素材を思い描いて、それを調理してもらおう。調理法は「うちは料理屋なので難しいことはしません。ただ煮たり焼いたり、それだけです」というようにいたってシンプル。何も難しいことはない。
コミュニケーションを楽しみながら、季節ごとのおいしい魚や野菜を、好きな食べ方と味付けで食べる。料理屋は、そんな世界遺産「和食」の醍醐味が味わえるところなのだ。

5000円以内で食べたいメニューの一例

花ぶさ膳(ランチ)　3996円
夜は700円からの単品が多数ある。予算を伝えてお任せにするのもいいだろう。

花ぶさ

東京都千代田区外神田6－15－5
電話03－3832－5387
[営業時間]
昼　11:30〜14:30
夜　17:30〜22:00
[定休日]
日曜・祝日

銀座線末広町駅より徒歩2分
JR山手線御徒町駅より徒歩10分

おつな寿司

おつなすし

三〇年ほど前まで、東京のあちこちに間口一間ほどの小さな稲荷寿司屋をよく見かけたが、バブル期を境に激減し、その後も一軒また一軒と減り続け、気が付いたらほとんどなくなってしまった。現在では、近所の人がちょっと立ち寄って買える小規模店はごくわずかとなり、大半が全国で販売を手がける大規模店になった。

しかし六本木に、ちょうどそれらの中間くらいの店がある。それがおつな寿司だ。「おつな」とは初代の名前である。武家の出身だが商家に嫁ぎ、夫に先立たれたため、明治八年(一八七五)に小さな稲荷寿司屋を開いたという。子どもがなかったので後を継いだのは店で働いていた職人だったが、その職人にも子どもがなかったため、年の離れた弟が継いだ。それが現在の御主人である五代目の祖父である。以後、父から子へと代々受け継がれている。

おつな寿司は、アマンドのある六本木の交差点から東京ミッドタウンへと向かう外苑東通りに面したところにある。現在は、店舗改装中のため、一本裏の路地で仮営業しているが、かつては、この路地の方がメインストリートで、初代のおつなさんもここで創業したようだ。

外苑東通りは市電ができる際に電車通りとして拡張、整備された新しい道である。そもそも六本木は江戸時代、寺社の点在する門前町だった。老舗の和菓子屋「青野」と花屋

「後藤」があるのもそのためである。おつなさんの稲荷寿司屋は、そんなお客さんも相手にしていたのだろう。

六本木は明治以後、大きく変貌した。まずは明治七年に麻布駐屯地が設置され、歩兵第一連隊と第三連隊の駐屯する軍人の町となった。おつな寿司もこの時期は、全国から集まる軍人が、日持ちのよい稲荷寿司を土産や差し入れに購入したため、恩恵をこうむったようだ。次は第二次世界大戦後に、駐屯地が米軍に接収されたときである。これにより外国人のたむろする妖しい夜の町になった。

最後は平成一二年の防衛庁の市ヶ谷移転と、それに伴う大々的な区画整備である。非常に長い工事期間が町の灯を消した。また、東京ミッドタウン、六本木ヒルズ、国立新美術館の建設をはじめとする町の大規模開発は、地縁的な人々のつながりを奪った一方で、観光客を増加させ昼間の町の活気を復活させた。おつな寿司の町内も、ほとんどの人が貸しビルにして別のところに暮らしているという。昔から変わらぬ商売をしているのは、おつな寿司くらいになってしまったそうだ。

お稲荷さんの揚げも入手しにくくなった。「揚げ煮」は五代目が行っているが、最近仕入れの豆腐屋が廃業し、しかも豆腐屋も大企業か家族経営かに二極化しており、おつな寿司のような中規模店が必要な大きさと数量を作るのに、ちょうどよい大きさの豆腐屋が減っているからだ。幸い五代目は最近新しい豆腐屋を見つけたが、毎日話し合いを続けているという。豆腐自体、同じように作っても、その日の気温や湿度によって差が出てしまう繊細なものなので、揚げもそれに左右されてしまうためだ。また、おつな寿司の揚げは「まんねんじ」と呼ばれる代々継ぎ足してきた煮汁を使って煮るが、その保存や火入れの加減などによってもコクが違ってくるので、こちらも試行錯誤を繰り返しているという。

おつな寿司には稲荷寿司だけではなく魚料理もある。二代目の職人の奥さんが料理上手だったので、その頃から料理も提供するようになった。現在では刺身、握り寿司、煮魚などの豊富なメニューが並ぶ。どの料理もおいしいが、特に握り寿司は、稲荷寿司用に酢を利かしたしゃりで握っているため、さっぱりしていて常連さんに人気がある。

魚料理もさることながら、おつな寿司の特徴と言えば、なんといっても揚げを裏使いする、つまり裏側のフワフワしている方を表にした稲荷寿司である。見た目がつるっとしていないのだ。これと同様のお稲荷さんを作っている店がいくつかあるようで、それらの店では、お客さんが「返る」ために縁起を担いだ説や、座布団を裏に返すという吉原の作法があり、それに由来するという説など様々な理由が唱えられているという。しかし五代目は「よく聞かれますが理由は分かりません。格子柄のように表と裏を交互に置くといった料理の見栄えの工夫だったのではないでしょうか」とあっさり捉えている。

おつな寿司は、景気のよい時も店舗を拡大することなく地道に商売を続けてきたが、その間に周囲の状況は大きく変わっていった。たとえるなら、時代の荒波に漂う一艘の小舟と言えようか。しかしその小舟は、少しずつだが着実に波を分けて進んでいる。

5000円以内で食べたいメニューの一例

海鮮サラダ　1300円

松寿司　2370円

いなり寿司（八個）　920円

おつな寿司

東京都港区六本木7－14－16

電話03－3401－9953

［営業時間］

月～金　　11:30～22:00（14:15～16:00休憩）

　　　　　持ち帰り10:00～

土祝　　　11:30～20:30（14:15～16:00休憩）

　　　　　持ち帰り10:00～

［定休日］

日曜（持ち帰りのみ10:00～13:00）

日比谷線六本木駅より徒歩3分

笹乃雪

さきのゆき

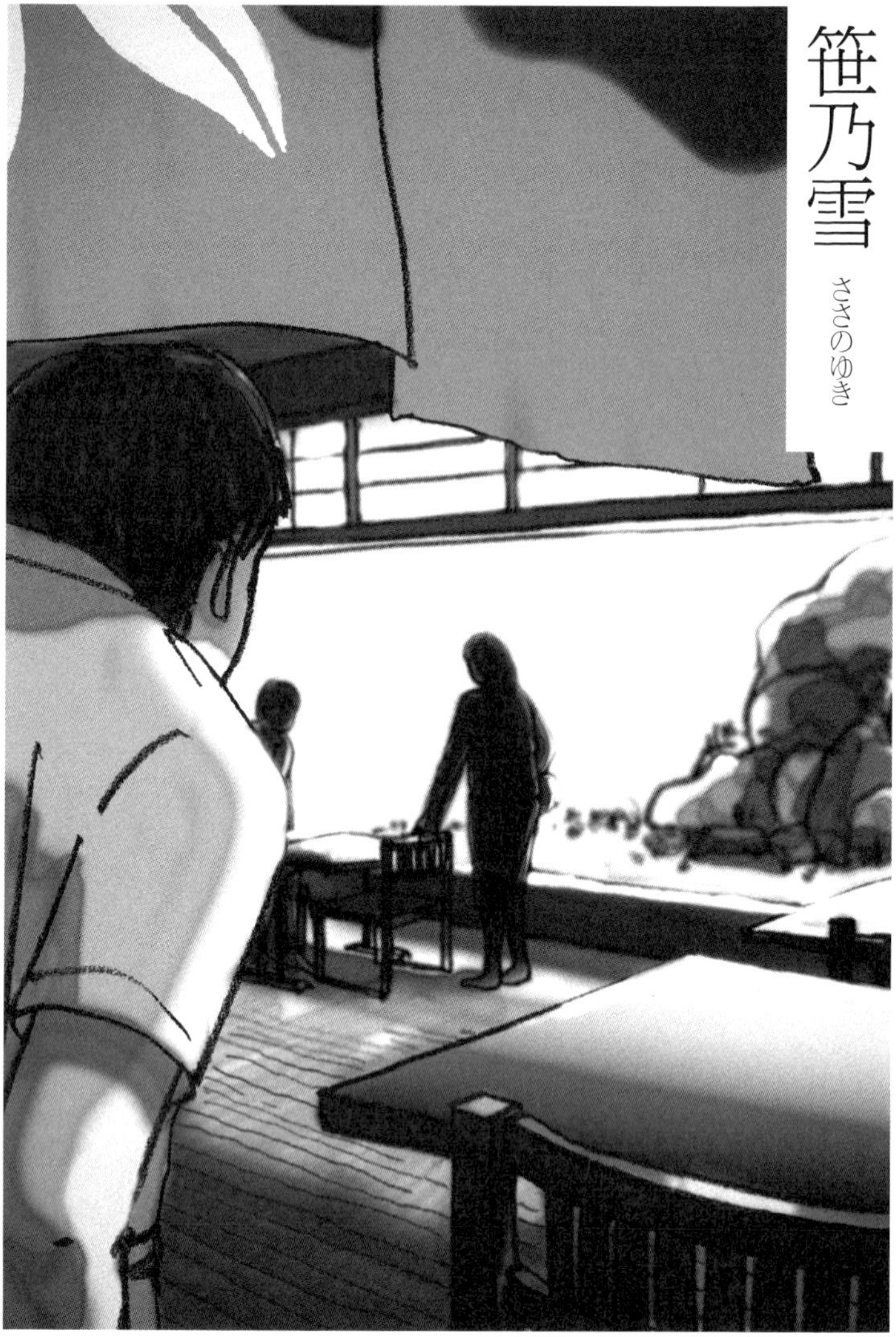

早朝、近所の人々が器を手にやってきて、できたての豆腐を買っていく。そんな昭和レトロな光景にも出会えるのは、根岸の里にある「豆富」料理の店、笹乃雪である。

豆腐は日本の代表的な日常食である。今では海外のスーパーでも見かけるので、世界の日常食になる日も近いかもしれない。でも、豆腐が庶民の口に入るようになったのは、それほど古いことではない。宇治の万福寺を創建した隠元禅師（一五九二〜一六七三）が、にがりの製法を中国よりもたらしてからといわれる。江戸初期のことである。

その頃、京都の修学院離宮に出入りしていた豆腐職人に玉屋忠兵衛という人物がいた。この人が笹乃雪の初代である。時は元禄時代（一六八八〜一七〇四）。都が京都から江戸へと移るに従い、お寺にも大きな変化があった。京都の比叡山延暦寺よりも江戸の東叡山寛永寺の方が格上となり、天台座主と日光門主を兼ねた住職には、代々宮家が就くことになったのだ。これを輪王寺宮《りんのうじみや》という。

忠兵衛は、当時の輪王寺宮、後西《ごさい》天皇の第六皇子・公弁法親王（一六六九〜一七一六）に随《つ》いて江戸に下り、上野の山の山頂にある寛永寺の裏手、田畑が広がる根岸の里に、自身の創った絹ごし豆腐を提供する店を開いた。これが笹乃雪の始まりである。

この宮様、笹乃雪で作られたあんかけ豆腐を食して「笹の上に積もった雪のように美しい」と仰せになった。これが屋号の由来である。また、「おいしいので次からは二つずつ

持ってくるように」と仰せになった。これが、名物あんかけ豆腐が二椀一人前で提供される由来である。

以後三五〇年近くにわたり、東京の歴史を、主に庶民と共に歩み続けてきた。壁に何気なくかかる日本画は、河鍋《かわなべ》暁斎《きょうさい》（一八三一～八九）が根岸に住んでいた時に描いたもの。暁斎へは「いくらか払って、あと、玉子を一〇個持っていった」という。明治になると、目と鼻の先に住んでいた正岡子規（一八六七～一九〇二）も訪れた。

大正になり関東大震災が起きると、焼け出された向島花街の芸者衆が大挙して根岸に移動。この時には、庶民の店から芸者衆をあげて遊べる料亭に転身した。昭和二〇年の東京大空襲の時には、全焼して商売道具もなくな

ったので、どうにか再建した店舗で、焼き鳥と焼酎を出して再起をはかった。今でもメニューに残る焼き鳥は隠れた名物だ。

飲食店としての笹乃雪の歴史は、このような紆余曲折を経て現在に到るが、一貫して変わらないものがある。それは豆腐作りである。水につけた国産大豆を、石臼ですりつぶし、煮て、濾《こ》すと、おからと豆乳ができる。その豆乳ににがりを入れると豆腐になる。各素材も工程も大事だが、特に重要なのは「水」と「にがり」と「豆腐の打ち方」である。

開店当初より、武蔵野の地下水脈から汲み上げたおいしい井戸水が使われている。根岸に店を構えたのは、寛永寺が近かったこともあるが、良質の水が出たからである。

にがりも天然ものを使っている。これはp

H値が中性なので扱いが難しいが、豆腐のうま味が引き出せる。豆腐の打ち方は、木綿豆腐と絹ごし豆腐では大きく異なり、後者の方がはるかに技術を要する。

木綿に使うのは薄い豆乳である。それににがりをゆっくり入れ、四〇分ほどかけて反応させる。時間をかけられるので調整ができる。騙しがきくのだ。しかし、絹ごしに使うのは濃度の濃い豆乳である。そもそもそれを作ること自体難しく、管理も大変である。完璧でなければ、豆腐にムラやバラつきがでる。

最終関門は、豆乳ににがりを入れる「豆腐を打つ」工程だ。四角い寄せ箱に七分目ほど豆乳を入れる。それをかき回しておいて、にがりを投入すると、ものの三秒で固まり、絹ごし豆腐が完成する。こう聞くと簡単そうだが、豆乳を隅々までまんべんなくかき混ぜるには、丸い器ならば混ぜやすいが、商売用の四角い箱では至難の業。柄杓を使って角度や傾きをつけながら立体的に回していく。ここでにがりを打つが、弱いと角が固まらず、強いと豆腐自体の重さで崩れてしまう。柄杓を抜く時も一定の角度を保たねばならない。最初から最後まで気が抜けないのである。

笹乃雪では、先代の九代目から、「腐る」という字を「富む」に変えて、「豆富」料理と記すようになった。ここからも豆腐への並々ならぬ熱い思いが伝わってくる。

5000円以内で食べたいメニューの一例

あんかけ豆富　400円

飛龍頭　700円

湯葉刺身　700円

焼鳥　600円

笹乃雪

東京都台東区根岸2－15－10

電話03－3873－1145

［営業時間］

11:30〜20:00

［定休日］

月曜（月曜祝日の場合は火曜）

JR山手線鶯谷駅北口より徒歩2分

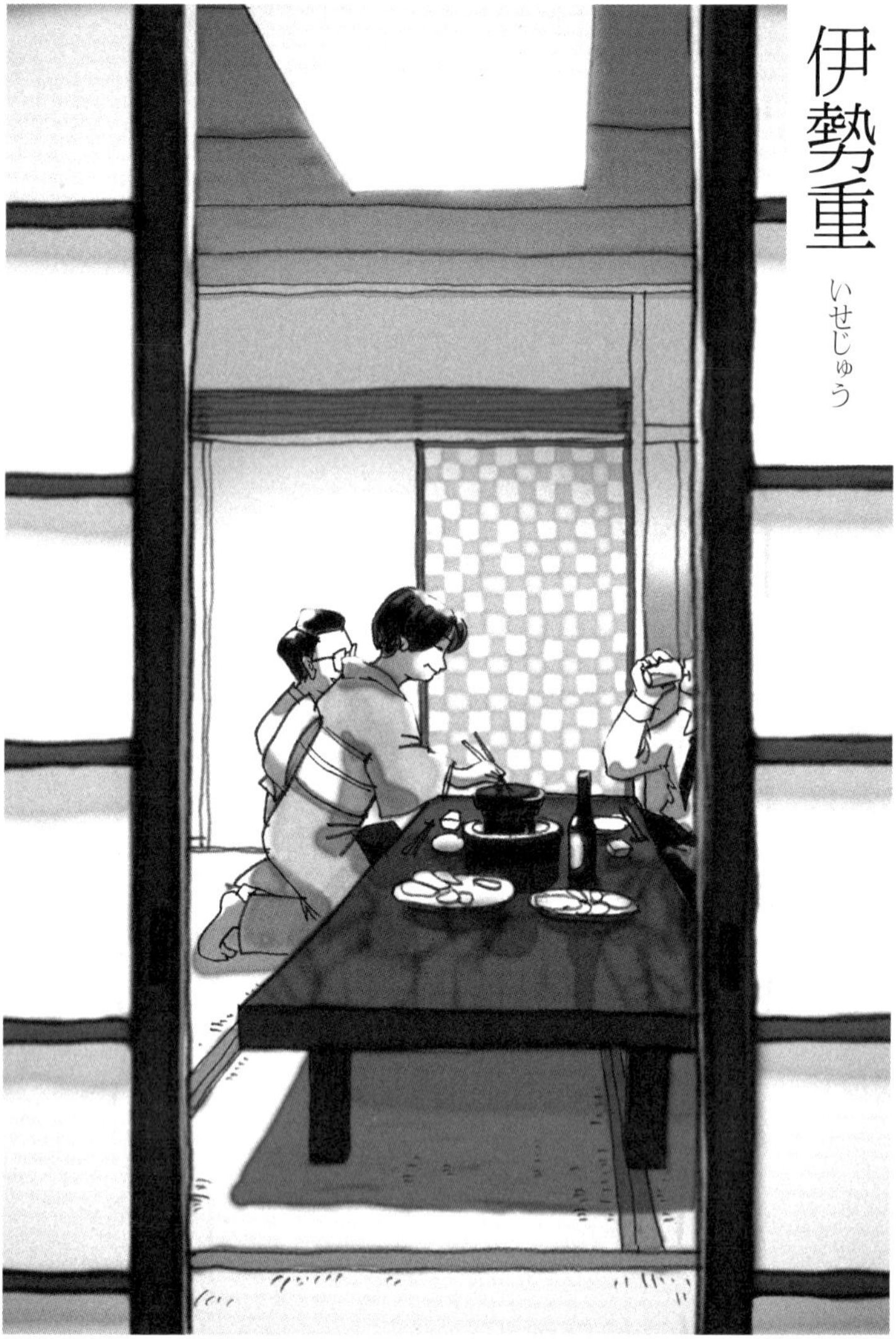

伊勢重
いせじゅう

「古い通りやるしか能がないんです」。六代目はこんなふうに謙遜と自負のこもった等身大の今の想いを語ってくれた。やや早口だがはっきりとした口舌の論旨明快な御主人だ。

ここは日本橋小伝馬町にあるすき焼き屋である。創業は明治二年（一八六九）。「文献によると、東京で一番古かったのは、慶応元年（一八六五）に芝・露月町《ろげつちょう》で中川嘉兵衛さんが開いたお店だったようですが、そこがなくなり、うちがどうにかやっているので、現存する東京のお店の中では最も古いすき焼き屋といわれています」

屋号は出身地に由来する。初代が伊勢から江戸に出てきたのは江戸中期のことである。当初は墨田区本所で骨董屋を営んでいたが、五代目の当主の体が弱かったので、そのおかみさんが滋養強壮のために、「薬喰い」すなわち肉料理の牛鍋屋をはじめた。このおかみさんがすき焼き屋「伊勢重」の実質的な初代で、以後六代にわたって現在地で営業している。

はじめのうちは、近くの繊維問屋にやってくる外国人客が多かったが、明治五年（一八七二）に明治天皇が牛肉を召し上がり、同時期に仮名垣魯文《かながきろぶん》（一八二九～九四）が滑稽小説『安愚楽鍋』を発表したのをきっかけにして日本人客が増加し、牛鍋屋も銀座や日本橋などあちこちに矢継ぎ早に作られていったという。

「ほかのお店もそうですが、すき焼き屋に加え、次第にお肉も売るようになりました」と言うように、一階で精肉をはじめ、弁当や牛佃煮などを販売している。しかし驚くことに、店頭には何も並んでいない。「お肉はご注文をいただいてから切る」からだ。弁当も同様である。「ご予約いただかないお客様をお待たせするなど、非常に効率の悪い商売をしております。でもまさに作りたてです」

牛佃煮は、冷蔵庫のなかった時代に、初代のおかみさんが考案したものだ。お通しとして提供していたが、評判を呼び販売するようになった。参考にしたのは出身地である伊勢の名物しぐれ煮で、お醤油と生姜とで牛肉を煮て作られる。賞味期限は三ヶ月としているが、半年でも一年でも保存がきく。

「今では真空パックが当たり前になっていますが、パックも冷蔵庫も必要ないんです。そのための保存食ですし、最近科学的に調べてもらったら、長期保存がきくのは醤油と生姜と水分のバランスがよいからだと証明されました」

かつては木造二階建ての建物だったが、平成三年に九階建てのビルに建て替えた。一階と地下が店舗で、その他はテナントである。地下には大小の個室のお座敷がある。最近では一人で来店して、一人前の鍋を注文するお客さんもいるようだが、「基本的にお鍋は何人かで囲んで食べるもので、そこに醍醐味があるように思います」と六代目。

肝心の牛鍋にも、創業以来の「非常に古い」やり方が生きている。まず別室にある火おこしで備長炭をおこし、ほどよい火加減になった消炭《けしずみ》を、火入れに入れ替えて、その上に新しい黒い炭を乗せる。

炭の扱いはたいへん難しく、火うつりのよい消炭と新しい炭の配合や、空気の通り道を確保したくべ方、食べているうちにだんだんと赤くなるような炭の強弱のつけ方など、一口ではなかなか言えないという。最近職人さんが辞めてしまったため、現在は六代目が行っている。「火おこしの職人さんを募集したいが、なかなか集まりそうにありません」

次に、一階の販売店の裏にある、ガラス張りの明るく清潔なスペースで、最高級のA5ランクの和牛が、職人さんの手によって一枚ずつ丁寧に切られる。ザク（添える具材のこと）は、長ネギ、春菊、しらたき、焼き豆腐のみ。「牛鍋は肉を食べるものという昔ながらのかたちでやっているので、変わりザクを入れたり野菜の入れすぎは極力しないようにしています」

最後に、牛肉とザクがお座敷に運ばれ、中居さんの手に渡される。火入れに乗せた昔ながらの平たく小さい鉄鍋に脂をしいてなじませ、初代から受け継がれてきた秘伝の割下《わりした》を入れ、そこに牛肉を投入する。

「最近タレという人がいますが、正しくは割下です。割下は割り下地、つまり下地（醤油）を割ったものです。東京の鍋はそれで煮て食べるのが伝統です」

日本独特の料理すき焼きが、伝統的な手法そのままに、お肉が良質になった分、いっそうおいしく食べられる。それだけでも幸せなのに、六代目はこんなことを教えてくれた。
「お鍋は生き物なので、一口目と煮た後では割下の味などがだんだん変わっていきます。特にうちは炭火なので火加減ができない。その味の変化も楽しんでいただきたいですね」

5000円以内で食べたいメニューの一例
すきやきBセット(昼)　4212円
※奉仕料10%別途

伊勢重
東京都中央区日本橋小伝馬町14－9
電話03－3663－7841
[営業時間]
昼　11:00〜16:00
夜　16:00〜22:00
[定休日]
日曜・祝日

日比谷線小伝馬町駅より徒歩2分
JR総武快速線馬喰町駅より徒歩3分

とよだ

「大人のための高級和食ダイニング」と言うべき落ち着いた料理屋、とよだ。店内は広々として奥行きもある。中に入ると、左側には清潔感あふれる白木のカウンターが横たわり、右側には四人掛けの椅子席が一つ置かれている。間接照明のやわらかい明かりが店内をほのかに照らし、外界の喧噪とは無縁の静かな空間を浮かび上がらせている。

最新の大型複合ビルにも雰囲気のあるお店は多いが、とよだは一軒屋である。しかも日本橋の真ん中で営んでいる。周囲は、近年の町の再開発で巨大ビルの建設ラッシュが続いていた。「コレド室町」を皮切りに、最近完成したのは「コレド室町2」「コレド室町3」の三棟で、中央通りを挟んだ向かい側には、レトロな日本橋三越本店と三井本館の並びに、超高層ビルの日本橋三井タワーが建てられた。

日本橋は江戸時代から、物心両面にわたる江戸の中心街だった。日本橋の橋の真ん中は、今でいう幹線道路、つまり東海道、中山道、甲州道中、奥州道中、日光道中の五街道の起点とされたため、江戸に行く人と来る人で常に賑わっていた。こう考えると、日本橋は江戸のみならず日本の中心だったともいえるかもしれない。

そんな日本橋には一流の大店《おおだな》も集中していた。なかでも三井高利（一六二二～九四）が創業した越後屋呉服店は今に残る大店で、日本橋三越本店はこの呉服店が近代的に転身を遂げたものであり、その他にも三井家は昨今の町の再開発にも多大な影響を及ぼしている。

さらに、日本橋で忘れてはならないものに魚河岸がある。大正一二年の関東大震災で壊滅したのを機に、昭和一〇年に築地に移転したが、およそ八〇年前までは、日本橋の魚河岸が江戸の住人の「食」を一手に引き受けていたのである。日本橋の川沿いにあった魚河岸には、江戸の各町から魚屋が買い付けにやってきた。その活気はいかばかりであったろう。

威勢のよい魚屋たちは、江戸の町を活気付ける役割も果たしていたようだ。架空の魚屋を主人公にした「一心太助」の話が作られたのもそのためだろう。江戸時代の実録物というジャンルに記されたのを端緒に、歌舞伎や講談、近代以降は映画やテレビドラマにもされた。一心太助の威勢のよい義侠心に富んだ性格が、江戸っ子の典型と捉えられ、時代を超えて世にもてはやされた。その感覚は今も残っているようで、日本橋のとある老舗の御主人におはなしをうかがっていたところ、「江戸城のある寂しい方とは違って、こちらは何しろ一心太助のいたところですから」と、話の合間にこのような言葉を口にされた。日本橋の魚河岸は、江戸っ子の精神的な支柱にもなっていたのである。

とよだは、まさにその魚河岸の歴史と共に歩んできたお店である。魚河岸の隣で寿司の屋台を営んだのが始まりだった。五代目の現御主人は、「文献があるのは文久三年（一八六三）なので、それを創業としていますが、実はそれより前からあったようです」と言う。

その後、本石町三丁目、今の江戸通りあたりに店を構え、約一〇〇年後の昭和三六年に現在地に移転した。

寿司屋から料理屋に移行したのは昭和のはじめだった。移転先の江戸通り界隈に、寿司屋がたくさんあったからだ。以来九〇年近く「和」の料理と向き合ってきた。

「江戸にはコース料理はありませんでした。今でも全部アラカルトでいいくらいですが、料理屋を知らない人が増えたので、会席も作るようになりました」と語ってくれた五代目。早世した祖父に代わり、父はお店の経営に従事していたため、お店の板前さんから味を覚えたそうだ。日本料理の華である「わんさし」には特に力を入れている。

お洒落な店舗も、一七、八年前に五代目

が改装したものである。仕事とデザインの兼ね合いが大変で、完成後に天井を五〇センチ上げたという。こだわりぬいて造っただけあって、暖かみがある上に計算されつくした心地よさが味わえる。

五代目はまた、一年ほどドイツの日本国大使館で料理番を務めたこともある。海外での公邸料理人の経験は、ともすれば和食を縛っていた既成概念を取り払うきっかけにもなったようだ。昨夏には、オーストラリアの有名なワイナリー「ジェイコブス・クリーク」の依頼で、和食に合う赤ワインの開発も手がけた。

スタイリッシュな店舗といい、ワインの開発といい、五代目には時代は変わっても「粋な生き方」を求める、江戸っ子気質が息づいているようである。

5000円以内で食べたいメニューの一例
芝海老の揚しんじょ　1600円
江戸前穴子の白焼　1400円
胡麻豆腐　600円

とよだ
東京都中央区日本橋室町1－12－3
電話03－3241－1025
[営業時間]
昼　11:30〜14:30
夜　17:00〜22:00
[定休日]
日曜・祝日(土曜夜は不定休)

銀座線、半蔵門線三越前駅より徒歩3分
東西線日本橋駅より徒歩7分

伝統のあるお店と聞くと、ちょっとかしこまってしまうかもしれませんが、高級フランス料理店などとは異なり、ほとんどの老舗料理店は普段着で行くことができます。

西欧料理店では、貴族が観劇の帰りに外食を楽しんだといった歴史的背景から、ドレスコードが存在するのでしょう。でも、東京の老舗の多くは、創業当時から思い思いのかっこうで気軽に入れる普段使いのお店でした。東京に仕事や

ドレスコード
Dress code

観光で来た人、近所に住む人や働く人などが、お昼に、夜に、小腹がすいた時に、ふらりと利用してきたのです。

伝統はあっても、格式張らずに、ちょっと立ち寄れるのが老舗です。もし「敷居が高そう」とためらっているとしたら、もったいない。お腹がすいた時に立ち寄ってみましょう。最新のお洒落なイタリアン、フレンチ、カフェなどを訪れるのもいいですが、それとは一味違った、古くて新しい体験ができるでしょう。

2

食通も唸る珍しい食材に出会える店

いせ源
いせげん

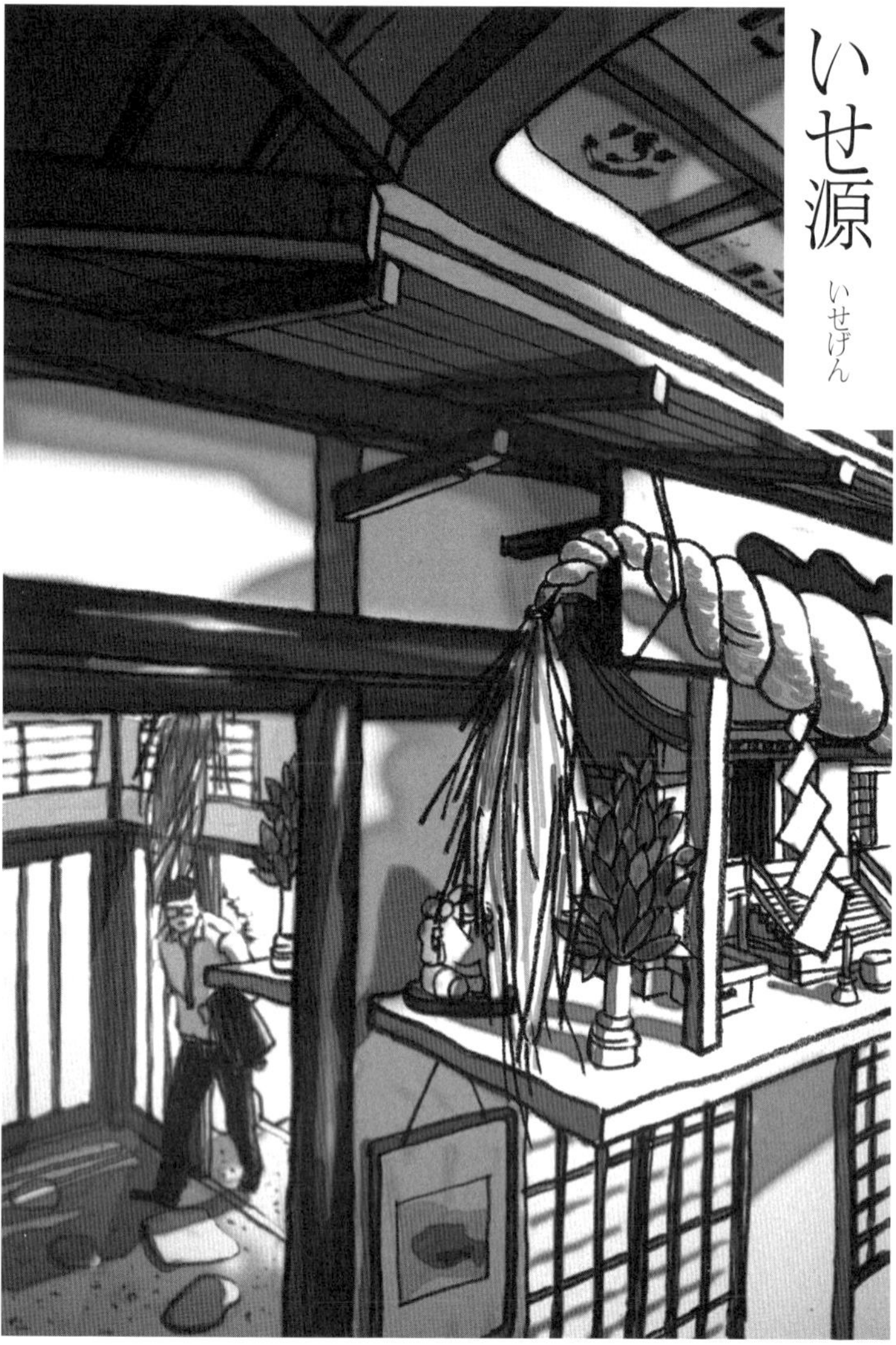

ちょっとグロテスクな顔立ちのあんこう。日常の食卓にはほとんど並ぶことのない食材だが、だからこそ時に専門店に行って食べると、格別においしく感じられる。いせ源は、そんなあんこう鍋を提供してくれる都内唯《ただ》一軒の専門店である。

まず、あんこうには馴染みがないので、どんな魚なのかを七代目の現御主人にうかがった。どうやら、あますところなく食べられる魚のようだ。皮や喉、口の周りはコラーゲンたっぷりのゼラチン質になっており美容によい。白身の部分は味が上品な上に、高タンパク低カロリーだ。その分脂質は肝に蓄えられる。いわゆるあん肝は、高カロリーだがビタミンの宝庫で、DHAやEPAといった不飽和脂肪酸も豊富なので、食べ過ぎると太るが、適量ならば非常に健康によい。

また、顔に似合わずデリケートな魚で、生態にも不明な点が多い。それゆえ養殖もできないので、口に入るのは天然もののみ。一口にあんこうといっても三〇〇種類ほどいるが、食用にされるのは深さ一〇〇メートルくらいのところに生息しているキアンコウだ。大きさも様々で、小さいものはまな板で十分なので、そのように調理する店もあるが、いせ源で仕入れるのは、肝が成熟している八キロから一五キロほどの大ぶりなもの。そのため伝統的な吊し切りでさばく。最近の主な仕入れ先は青森や北海道だが、かつて流通が限られていた時代は、近場の千葉や茨城のものが中心だったという。

七代目がこんなにもあんこうに詳しいのは、専門家だからでもあるが、なにより好きだからである。「表情も一匹ずつ違うんです。そういうのを見ていると愛着が湧いてきちゃって…。だから、犠牲にするからにはちゃんと調理しておいしく召し上がっていただこうと思っています」。こんな御主人にさばかれるのであれば、あんこう冥利に尽きるだろう。また、食べる側からしても安心して食べられるし、なんだかありがたく、おいしくいただこうという気が湧いてくる。

いせ源の創業は天保元年（一八三〇）、江戸時代の後期である。場所は現在の神田須田町ではなく京橋だった。しかも当初はあんこう鍋屋ではなくどじょう鍋屋だったという。江戸時代には浅草の駒形どじょうと並び称され

る名店としてたいそう繁盛していたが、明治一二年（一八七九）、二代目の時に現在地に移転した。
　神田連雀町、今の須田町は、近くに青物市場、通称やっちゃ場があり、職人の集住する、いわゆる下町だった。ここに移ったのを機に、どじょうを中心としながらも、色々な料理を提供する、今で言う大衆的な食事処に転身した。この時、初代の名前庄蔵の一部をとって「いせ庄」と称していた屋号も、二代目の名前源四郎に基づき「いせ源」と改称した。
　あんこう鍋を始めたのは、七代目の曾祖父に当たる四代目の時からだ。俗に「東のあんこう、西のふぐ」と言われる高級魚あんこうを究めようと決意。ついに神田っ子の口に合うあんこう鍋を作り上げた。鍋は当時味噌仕立てが主流だったが、味噌ではさっぱり好きの神田っ子の口に合わず、あんこうの淡白なおいしさも活かせないため、醤油ベースの澄んだスープを考案した。また、合わせる具材も、スープが濁らず、なおかつあんこうに合うものを吟味した。

こうして灰汁《あく》や水の出ない、味のぶれない野菜として、しらたき、焼き豆腐、三つ葉、椎茸、うど、きぬさや、ぎんなん、ゆずが選ばれた。鍋には珍しい具材も入っている。特にうどは他店で入れている例を聞いたことがないという。あん肝も、とかさずかたまりで入れる。これもスープを濁らせないためである。味付けも具材も全く変えていない。「一〇〇年以上にわたり支持してもらっていて、ありがたいです」と七代目。

あんこう鍋の味を作ったのは四代目だが、その魅力をお客さんに伝えたのは五代目である。あんこうの魅力を多くの人々に宣伝しようとの情熱を、死ぬまで持っていたという。コピーライターの素質もあり、多くのキャッチコピーを考えた。今も店にかかる幕暖簾に染め抜かれた「知る人ぞ知る通人の味」もその一つ。おもしろいものには「肝は雷公のへその味」というのがある。もちろん雷公とは雷さまのことだ。

実は、冒頭に書いた「都内唯一軒のあんこう鍋店」も、五代目のコピーを拝借したものである。

5000円以内で食べたいメニューの一例
あんこう鍋　3500円(一人前)
きも刺し　1600円
唐揚げ　1000円
※夜は奉仕料10%別途

いせ源
東京都千代田区神田須田町1－11－1
電話03－3251－1229
[営業時間]
昼　11:30～14:00
夜　17:00～22:00
※土日祝日は通し営業
[定休日]
日曜(4月～9月は土日祝休。12月～3月は日曜も営業)

丸の内線淡路町駅より徒歩2分。
JR山手線秋葉原駅より徒歩約5分。

伊勢廣
いせひろ

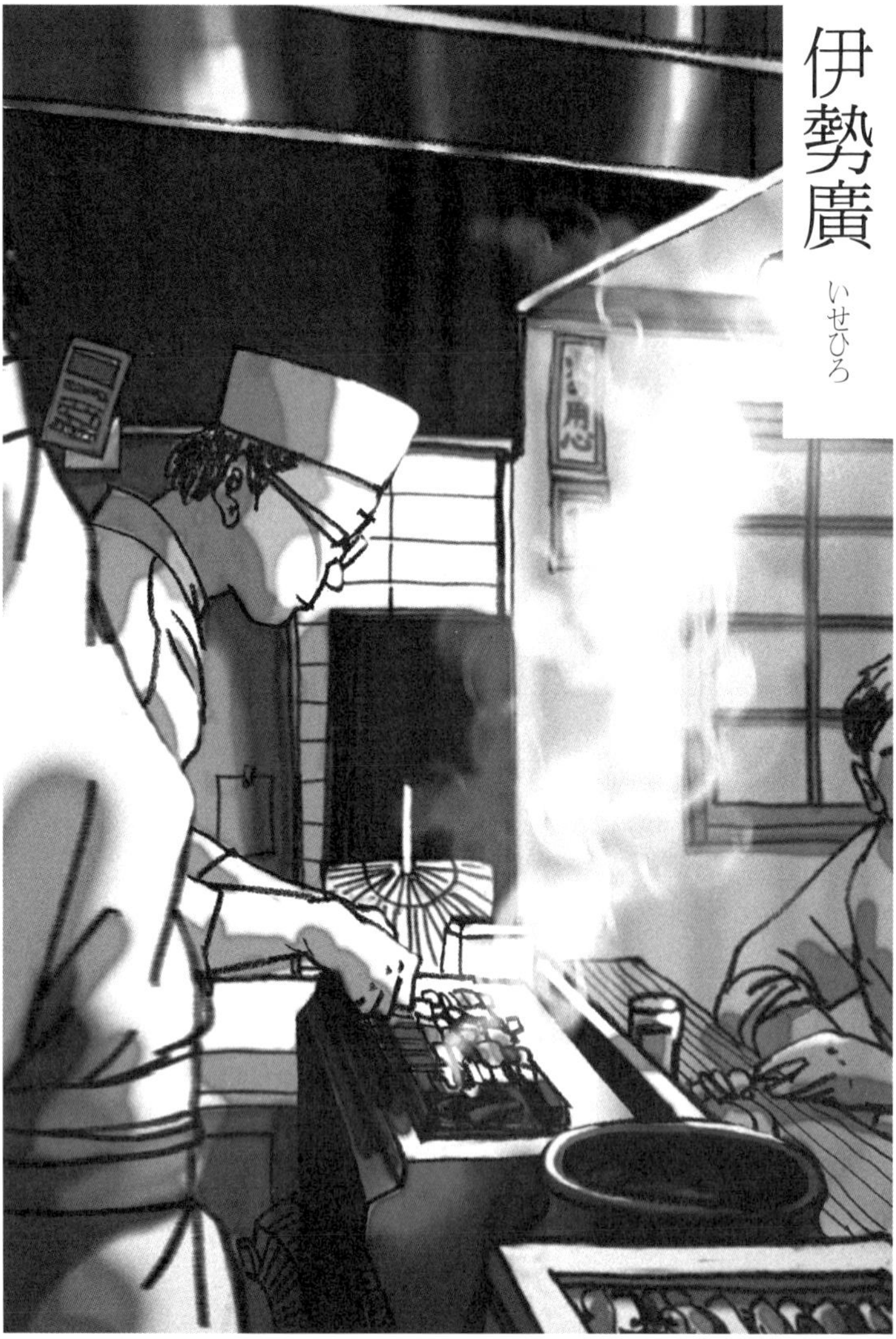

「日本橋蛎殻町《かきがらちょう》に伊勢廣という屋号の大きな鳥の問屋があって、そこから職場結婚して独立したのが大正一〇年のことでした」。こんな祖父母に始まる伊勢廣の創業秘話から、お店の歴史やこだわりなどについて、理性と情熱をもって紳士的かつ熱っぽく語ってくれたのは、三代目のご兄弟だ。

初代は現在地の京橋に店を構え、鳥肉専門の肉屋を開業したが、ほどなくして家族も増えたので、焼き鳥を商うようになったという。

焼き鳥というと現在では、居酒屋や祭りの屋台でお馴染みの、どちらかというと安価でありふれた食べ物との印象が強いが、それはアメリカから日本にブロイラーがもたらされた一九六〇年代以降のことである。

かつては鳥肉自体が、和牛と変わらぬ高価で貴重なものであり、その鳥肉を串に刺した焼き鳥は、ふぐや鰻などの季節ものの料理屋で稀に提供されることはあっても、専門店は大変に珍しく、目の前で焼いて売る店は皆無に等しかった。

鳥肉屋から始めた初代は、いわば鳥肉の「目利き」だった。今でも受け継がれているが、当初から鳥肉はまるごと仕入れ、品質には非常にこだわっていた。伊勢廣の名物であるコース料理は、仕入れた鳥一羽を、まるごと味わってもらいたいとの初代の想いから生まれたものである。

コースのはじめに提供されるのは、ワサビが添えられた笹身《ささみ》である。今でこそ珍しくないが、これも初代が「焼き鳥屋にお通しがあっちゃいけない」と発案したもの。ビールを一、二杯飲んでいる間に刺身代わりに食べられるようにと、生のようで生ではない絶妙な焼き具合の笹身に、ワサビを添えて提供したのが始まりだ。

一番人気は「お団子」、いわゆる「つくね」である。ここにも初代のアイデアが詰まっている。つなぎを使わず鳥肉だけで丸くしてあるのでうま味が凝縮されている。その上、隠し味に麻の実が入れてあるので、驚きの食感と深みのある味わいが楽しめる。

三代目も、初代に負けず劣らずのこだわり派であり、しかもそれは鳥肉に限らない。鳥を焼くための炭は、その特性である脱臭性にも気を遣い、管理の行き届いた上質のものを厳選して仕入れている。保管があまいと、その場所の匂いが移り、料理する際に炭本来の香りがしないばかりか、料理の味を台無しにしてしまうからだ。

塩は、初代からの仕入れ先だった静岡の塩屋が引退してしまったため、一から研究を始めた。つまるところ塩の命は結晶にあるようだが、企業秘密のためここには多くを記せない。是非とも実際に食べて、塩の塩梅と舌ざわりを感じていただきたい。もちろん、毎晩手入れを欠かさない特性のたれもオススメである。

言うまでもなく鳥肉へのこだわりは相当なものだ。レバーには百羽に一羽いるかいないかの天然のフォアグラ状のものが使用される。「都内で扱っているのはうちだけ」と胸を張る。生のレバーを見せていただいたが、いかにもおいしそうなクリーム色で、通常のものとは明らかに異なる。調理すると、生臭さは全くなく、きめの細かい舌ざわりで、なんとも贅沢な味わいが口に広がる。毎日提供できるわけではないそうなので、食べられたらラッキーだ。

三代目は初代の四つの教えを守っている。一、良い鳥肉を扱う、二、仕入れ業者を大切にする、三、職人を大事にする、四、欲張らない。二の仕入れには、鳥肉はもとより野菜や米、塩、炭などあらゆるものが当てはまる。

「その日一番いいものを入れてほしい、その代わり言い値で払います、業者さんとはこん

な取引をしてきました。だから毎日が真剣勝負です」

創業以来の焼き鳥の変わらぬおいしさは、伊勢廣と各業者という、それぞれの職人たちのプライドをかけた、妥協なきぶつかり合いが支えてきたといえよう。

四の欲張らないとは、良い素材のみを揃えているため、翌日に残らない程度の量しか仕入れないとの意味である。早めに行かなければ売り切れてしまうわけだが、この薄利多売とは逆を行く商売がかえって評判となり、当初からお客さんがついたという。木造二階建ての本館は昭和二〇年の東京大空襲で焼失したが、戦後すぐに再建され、また約一〇年後の昭和三〇年には、路地の向かいに新館のビルも建てられた。

黒光りする柱の貼紙に「お酒は三合まで」と書いてある。これは、焼き鳥が「主」で、お酒は「従」という初代の信条を表したもの。そうはいっても、置かれている酒はいずれ劣らぬこだわりの美酒ばかり。ついつい進んでしまう。飲み過ぎにはご注意ください。

5000円以内で食べたいメニューの一例

7本コース(10品)　4860円

伊勢廣

東京都中央区京橋1－5－4

電話03－3281－5864

[営業時間]

昼　11:30〜14:00

夜　16:30〜21:00

※土曜夜は16:30〜20:30

[定休日]

日曜・祝日

JR各線東京駅より徒歩5分

銀座線京橋駅より徒歩3分

桜なべ 中江

さくらなべなかえ

桜鍋と聞いてピンとくる人は少ないかもしれない。明治生まれの東京の郷土料理だからだ。馬肉というと今では熊本の方が有名だが、かつて東京には、馬肉の鍋屋、つまり桜鍋の店がたくさんあった。中江は、今に残る数少ない桜鍋屋の一つである。

幕末の安政六年（一八五九）、横浜、長崎、箱館の三港で自由貿易が開始された。開港により公に海外との通交が始まると同時に、日本人の衣食住にわたる生活文化全般に大きな変化が起きた。世に言う文明開化である。江戸時代までは殺生として躊躇《ためら》われていた肉食も解禁。貿易港横浜に牛鍋屋がオープンした。仮名垣魯文《かながきろぶん》（一八二九〜九四）の戯作のタイトルでお馴染み「安愚楽《あぐら》鍋」の誕生である。

この新しい食べ物は、すぐに東京にも広まった。その流れを受けて登場したのが桜鍋屋である。

東京で最も賑わっていた歓楽街といえば吉原。江戸時代まで唯一の公許の遊廓だったところだ。吉原の入口は一箇所しかない。大門である。その門前に、大勢の遊客たちの来店を見越して桜鍋屋が作られた。中江もしかり。大門のはす向かいに建っている。創業は明治三八年（一九〇五）と古いが、その頃にはすでに同業店が二、三〇軒あったという。当時としては後発組ながら、明治創業の店で今に残るのは中江のみである。

桜鍋屋が吉原の門前に集中したのには、ほかに二つながら理由があったようだ。

「馬力をつける」の語源は馬肉である。その馬力、すなわち精をつけて吉原に繰りだしたい遊客の需要と、浅草田んぼの農耕馬や交通手段としての馬など、馬には事欠かない地域という供給とが一致したからだという。余談として、吉原に遊びに来た遊客が馬で換金して遊んだというおはなしもうかがった。現在の四代目となる御主人は、おしゃべりではないが、笑わせたり、ためになるおはなしをされたりと、たいそうなおはなし上手である。

遊廓盛んなりし頃は、五つのピークがあり、昼から明け方まで客が絶えなかったという。一、日帰りの遊客が吉原に行く前に食べに来る、二、泊まりの遊客が行く前に食べる、三、日帰りの遊客が帰る時に食べる、四、泊まりの遊客が帰る時に食べる、五、吉原の男衆が

営業後に遊客のチップで食べに来る。しかし、昭和三一年の売春防止法で遊廓は廃止。これにより多くの同業者が廃業したようだ。

中江も最盛期のようにはいかないが、代わりに女性客が増えるなど新たな展開を迎えた。低カロリー、低脂肪、高タンパクの馬肉が美容と健康によいことが知られ、昭和の終わりには馬油の保湿効果が発見されたからだ。これを受けて一五年前にフレーメル化粧品という化粧品開発にも着手。今や美容液やクレンジングオイル、石鹸など種類も豊富となり、女性客にも人気である。

また平成二一年に、吉原に最後まで残っていた茶屋「金村」を引き取り、中江別館としてオープンした。吉原の本物の料亭で、吉原名物の桜鍋が食べられるようになったのだから嬉しい限りだ。もちろんおいしいお酒とワインも揃っている。

本店は、関東大震災で消失したのちに再建され、東京大空襲に耐えた建物で、築九〇年。近年、国の登録有形文化財に指定された。宮大工が建てたので、しっかりしていてどことなく粋だ。神棚も異常に大きい。ただ、一五年前に地盤沈下があり、建物を底上げするかたちで足回りのみ全面改修。その際、一階を多少改装した。入れ込みの畳部屋を掘り炬燵に、畳を板敷きに変えたのだ。黒光りする床は、改装していないかのようにシックで落ち着く。壁にかかる絵は、一つは江戸後期の画家・谷文晁《たにぶんちょう》（一七六三〜一八四一）、一つは三代目が描いたもの。いずれも馬を描いた日本画だが、後者は「牛負けて馬かった」という判じ絵になっており、先代の遊び心が感じられる。

メニューのバリエーションが増えたのも先代の時。その一つが「タロタロユッケ」だ。フランス帰りの岡本太郎が店を訪れ、タルタルステーキとは本来、騎馬民族タタール人のステーキという意味なので、パリのレストランでも馬肉が使われていたと三代目に伝えた。そこで太郎に掛けて「タロタロ」とし、ステーキでは洋食になってしまうので「ユッケ」と変えて提供した。今では人気メニューとなっている。

肝心の桜鍋もこだわり満載。熊本では刺身にえりあぶら、いわゆるたてがみが使われるが、東京の桜鍋では牛のカルビにあたる部分、はらあぶらが使われる。それに一子相伝の味噌だれを入れ、大鍋ではなく南部鉄の小鍋で煮る。シメにうま味が凝縮されたタレを玉子でとじてご飯にかけて食べる。この「あとご飯」がこれまた後引くおいしさである。

5000円以内で食べたいメニューの一例
桜鍋ロース　1700円
ザク　780円
馬刺しロース　2000円

桜なべ中江
東京都台東区日本堤1－9－2
電話03－3872－5398
［営業時間］
月～金　　17:00～22:00
土日祝　　11:30～21:00
［定休日］
年中無休

日比谷線三ノ輪駅より徒歩9分
日比谷線、つくばエクスプレス線、JR常磐線南千住駅より徒歩15分

亀戸升本

かめいどますもと

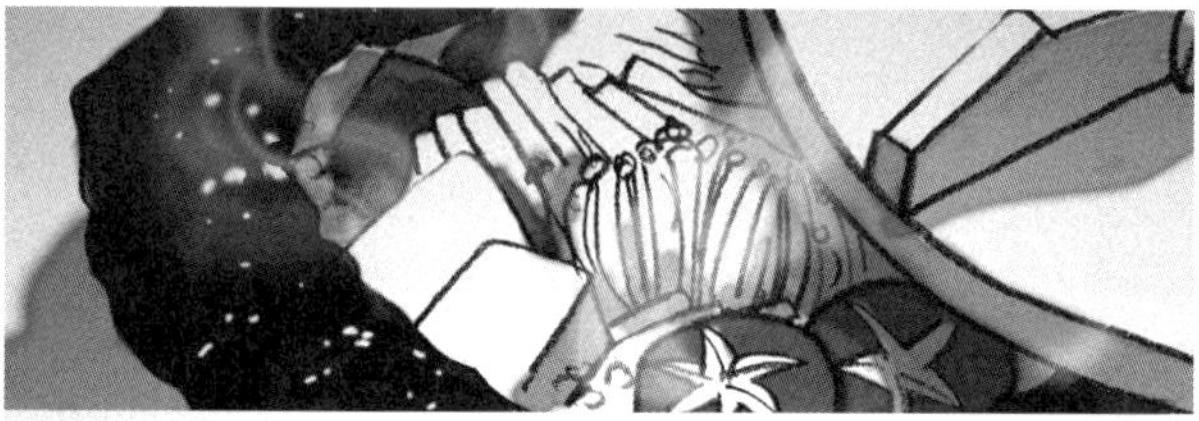

亀戸大根というものをご存知だろうか。今では滅多に見られない幻の大根だ。それを使った料理が食べられるのが、亀戸にある升本である。こちらでは御主人ではなく店長から、主に現在の升本のおはなしをうかがった。

神楽坂の造り酒屋にいた初代が、暖簾分けして亀戸で店を開いたのは、明治三八年(一九〇五)のことだった。当初は割烹料理屋などとして、色々な料理を作っていたという。今のような亀戸大根中心の料理店になったのは平成一一年からである。この時いったい何があったのか。

そもそもなぜ、亀戸という土地を選んだのだろうか。店長は理由をご存知ないとのことで不明だが、ただ言えるのは、東京の郊外だったということである。隅田川を渡った本所地区は、今でこそスカイツリーのある町、下町情緒が残る町などとして人気を集めているが、開店当初の亀戸は、明治とはいえ江戸・東京から一里半、田畑の広がる村落で、安藤広重（一七九七～一八五八）の浮世絵で有名な亀戸天神が、名所の一つとして知られるくらいだった。

近年、江戸野菜に注目が集まりつつあるが、そもそも運送、流通、冷蔵の技術が開発される以前は、東京の食べ物は東京近郊で作られていた。江戸川区や練馬区などが、東京の「食」を支えていたのである。亀戸大根の栽培も、幕末の文久（一八六一～六四）頃から、亀戸の古社、香取神社の周辺で始まった。最盛期は明治時代だったという。

升本には開店当時から提供されている定番メニューがある。「亀戸大根あさり鍋」がそれである。かつては近所で採れた安くて新鮮な亀戸大根を、当たり前のように使っていたのだろう。それを東京湾で採れたあさりと一緒に、鍋で煮て出していたのだ。

しかし、昭和に入り高度経済成長期を迎えると、東京近郊が宅地や工業地として開発され、それに伴い農地が減少。江戸野菜と呼ばれる近郊野菜が激減していった。大根に関していえば、昭和四九年の青首大根の開発がそれに追い打ちをかけた。従来の白首とは異なる太くて甘いこの大根は、たちまち人気をさらい、現在九九％のシェアを占めるに到っている。

本来大根は小さくて細いものだった。甘くもない。亀戸大根も同様で、重さはわずか二百グラムほどである。大根界を席捲《せっけん》した青首大根は、品種改良の雄ともいえる。思えば江戸川区の小松川で栽培されていた昔の小松菜も、今よりもゴワゴワしていて灰汁《あく》が強く、ちょっと食べにくかった。

兎にも角にも、東京近郊の江戸野菜は淘汰されていった。亀戸大根も種さえ失われたと思われていた。そんな時、升本が火事で焼失。それが平成一一年のことだった。店舗を再建するにあたり、料理も一新し新たに生まれ変わろうと決意。少し前から原種を持っていた人と出会え、亀戸大根料理を提供できる手はずも整っていたので、いよいよ地元野菜、亀戸大根を活かした専門店をスタートさせたのである。

ただし、はじめから順風満帆だったわけではない。全国流通の期待できない需要が少ない大根で、しかも今となっては作るのも難しく手間のかかるそれを、進んで生産したがる農家はいなかった。しかし説得を続け、どうにか契約にこぎつけた。

しかし次の難関が立ちはだかった。一年中一定の質を保った大根を提供することだ。特に季節外れの夏場は難しい。そこで契約農家を増やしていった。今ではそれもクリアし、秋から春にかけては葛飾や高砂、夏は北海道や長野から供給してもらっている。

「土壌も農家のやり方もそれぞれ違うので、同じものというわけには、なかなかいかな

い」と店長は語る。だが、均一ではないところが大手とは異なり、かえって魅力的に感じられる。

ようやく料理を提供する準備は整ったが、亀戸大根は調理も難しい。今でも試行錯誤を繰り返しているという。それでも今や「大根の味を殺さず、たたせることを心がけている」というだけあって、人気の料理がたくさんある。「亀戸大根と海老のかきあげ」もその一つ。経験したことのない食感が味わえる。大根と生姜を麦飯に混ぜた麦菜飯や、新鮮でみずみずしい大根寿司もヘルシーでおいしい。女性客が増えたというのもうなずける。

「これからも、いい亀戸大根を提供していきたい。オリジナルを守り復旧させることが目的なので、品種改良はしません」。東京の近郊野菜は静かにがんばっている。

5000円以内で食べたいメニューの一例

亀戸大根あさり鍋　2750円
（一人前。注文は二人前から）
亀戸大根寿司　二カン　440円
亀戸大根さらだ　650円
亀戸大根の田楽　780円

亀戸升本

東京都江東区亀戸4－18－9
電話03－3637－1533
[営業時間]
月～金　昼　11:30～14:30
　　　　夜　17:00～21:30
土日祝　昼　11:00～15:00
　　　　夜　17:00～21:00
[定休日]
第3月曜(8月、12月を除く)

JR総武線亀戸駅より徒歩7分
東武亀戸線亀戸駅より徒歩7分

ももんじや

「ももんじや」というちょっと変わった言葉について、一〇代目の御主人が訥々《とつとつ》と、しかし簡潔に、説明してくれた。「ももんじ屋は、八百屋みたいなものです。獣肉を扱っているお店はみんなももんじ屋と言っていました。今ではそれをうちが登録して使っています。うちの本当の屋号は豊田屋です」

江戸時代までは、仏教で殺生が禁じられていたため、肉食は忌むべきものとされていた。しかし、江戸の中期から末期になると、「薬喰い」と称して肉食がだんだんと盛んになった。ただし、別の言葉で言い換えられた。一説によれば、近畿地方では「ろく」とされ、それが江戸で「山くじら」や「ももんじ」などと呼ばれるようになったという。幕末には、麹町や比丘尼橋をはじめ江戸の各所に、何軒もの薬食いの店つまり「ももんじ屋」があったが、今では「ももんじや」一軒だけになってしまった。

この唯一のももんじやは、両国橋の東、東両国広小路にある。多少の移動はあったが、大方このあたりで営んでいたという。両国橋の東西のたもとは、江戸で一、二を争う盛り場だった。明暦三年（一六五七）の明暦の大火いわゆる振袖火事で、一〇万人とも言われる犠牲者が出た際に、防災の目的で架けられたのが両国橋である。そして、橋の東西のたもとに火除け地として広い空き地が設けられた。これを両国広小路と言う。この広々としたスペースに飲食店や寄席、見世物小屋といった遊興場などが作られ、盛り場が出現した。

ももんじやのある両国橋の東には、これも盛り場だった回向院がある。かつては今の倍以上、東京ドーム半分ほどの寺域を有し、その境内には、現在の両国国技館の前身である相撲興行をする施設があった。また、出開張といって、日本各地の有名な寺社の本尊が回向院で開張されるという催しがしばしば行われた。特に信濃の善光寺の出開張は、一ヶ月延長されるほどの盛況ぶりで、人の波が引きも切らなかったという。ももんじやは、このような江戸の盛り場で創業した。享保三年（一七一八）のことである。

ただ、現在の猪鍋スタイル、つまりすき焼きのような甘辛く味付けされた猪肉を小鍋で煮るという様式は、明治以後に完成し

たものだろう。江戸時代までの鍋は、囲炉裏に吊すような大鍋で事が足りていただろうし、甘辛の味付けに必要な砂糖は、高級だったので一般には使われなかったという。小鍋と甘辛の味付けとは、明治期の牛鍋誕生に始まる、東京の鍋文化の二大特徴と言えるのではなかろうか。

一〇代目は、「現在、東京で猪鍋の専門店はないと思います」と言う。それはそうだろう。明治以来の東京の鍋文化自体が、鍋の多様化で危機的状態にある上に、猟師が捕らえた獣《ジビエ》を一頭買ってさばくだけの調理場は、今や都内では持てまい。

ももんじやでは、三五年くらい前までは、猟師から猪、熊、鹿などを一頭まるごと購入し、それらを店先にぶらさげておいて、料理する際にさばいていた。しかし今では、一頭買いには変わりはないものの、骨のない肉を仕入れている。

店先に獣をぶらさげる必要もなくなり、そんなことができる御時勢でもなくなったので、現在では猪の剥製を一頭だけ置いてある。狸も五年ほど前まで提供していたが、狸の猟師が体調を崩してからは、メニューからはずされた。

「猪肉は丹波のものしか使いません」と一〇代目。「丹波の猪肉は、大間のマグロのような高級ブランドで、他の山のとは全然違って一番おいしいけれど、値段がすごく高いんです。みんな牛やマグロのブランドのことは知っていても、猪肉のことは分からないと思うので、食べて知ってもらおうと、お昼は安く提供しています」

その贅沢な猪肉は、小鍋で一〇分から一五分ほど煮ると、やわらかく食べ頃になる。一〇代目は、猪肉が早く煮込める理由を、次のように語ってくれた。「牛肉は加熱すると、一度軟らかくなり、次は固くなり、再度軟らかくなり牛煮込みができますが、猪肉は短時間で牛煮込みの状態になるんだと思います」

ももんじやの鍋には、砂糖に加え桜味噌と八丁味噌をブレンドした秘伝のタレが使われる。このタレで食べると猪鍋のうま味がさらに増す。このおいしくて伝統のある東京の猪鍋は、もはや「ももんじや」でしか食べられない。

5000円以内で食べたいメニューの一例

猪鍋　4320円

鹿鍋　4320円

熊ソース焼　2700円

ももんじや

東京都墨田区両国1－10－2

電話03－3631－5596

[営業時間]

昼　11:30〜14:30

夜　17:00〜21:00

(月曜は夜のみ)

[定休日]

日曜(月曜が祝日の場合は営業、翌火曜が店休日)

JR総武線両国駅より徒歩5分

浅草線東日本橋駅より徒歩10分

食の安全と老舗

Food safety and Shinise

遺伝子組み換え食品や食品添加物など、科学技術の進歩が食の世界にまで及び、それはそれで季節を問わずおいしい食べ物が食べられて便利にはなりましたが、人体への影響に不安の声があがるようにもなりました。

それに対抗して自然食品を探し求めて食べるのもよいですが、もっと簡単な方法があります。それは老舗料理店に行くことです。老舗が最もこだわっているのは食材です。そのため、どんなに流通や仕入れが便利になっても、安全でおいしいものをお客さまに提供し、なおかつ価格を抑えようと、日夜努力しているのです。

老舗というと、料理法ばかりが注目されがちですが、それだけではなく仕入れのプロでもあります。インターネットの普及により、個人でも安全な食べ物を探しやすくなりましたが、老舗に行けば、自ら探す手間もいらず、安全な上においしい料理が食べられるのです。

3 毎日通いたい老舗

大黒家天麩羅

だいこくやてんぷら

浅草は楽しいところだ。近代的な画一化された町もよいけれど、浅草には、川端康成が『浅草紅団』に描こうとして描ききれなかったくらいの、新旧織り交ぜた多種多様なモノが混在している。これも「町」というものの魅力の一つと言えるのではなかろうか。

そんな浅草に、天ぷら屋として有名な大黒家があるが、もとは蕎麦屋だったという。また、東京大空襲で被災したため昭和二〇年頃に再建された店舗は木造二階建てで、黒光りする柱や階段はいかにも日本の伝統的な建造物といった印象を受けるが、かつての内装は、きわめてハイカラな洋風の造りだったという。

こんなちょっと意外性のある大黒家は、今から約一三〇年前、明治二〇年（一八八七）に現在の本店のある場所で創業した。現在、店を切り盛りしているのは四代目の御主人だ。

本店は、浅草寺と目と鼻の先の伝法院通りにある。伝法院とは浅草寺の本坊だったところで、今でも小堀遠州《こぼりえんしゅう》（一五七九～一六四七）が築庭したとされる回遊式庭園と、阿弥陀三尊像を安置する客殿などが残り、修行道場のほか海外の要人の接待などに用いられている。この伝法院の塀を隔てた通りには様々な店が軒を連ね、観光客が引きも切らない。それは、仲見世と浅草六区をつなぐ最短の通りだからでもある。

さて、大黒家の最大の特徴といえば、色の濃い大きな海老の天ぷら。その他はかき揚げと鱚《きす》の天ぷらがあるくらいで、種類は決して豊富ではない。海老中心なのは蕎麦屋の名残である。蕎麦屋で天ぷら蕎麦と言えば海老と相場が決まっている。大黒家は、なかでもその天ぷら蕎麦がよく売れたので、明治の末に天ぷら屋に転身したのだ。

また、海老が非常に大きいのは棒揚げと呼ばれる揚げ方で、これも蕎麦屋時代の名残りとか。今でも海老の大きさには、ちょっとしたこだわりを持っている。蕎麦屋の名残りは、常連さんがよく頼む人気メニュー、かき玉椀にも見られる。かき玉蕎麦をおつゆにしたものので、くず粉でとろみをつけてある。

天ぷらの色が濃いのは、揚がった天ぷらを色の濃い丼つゆに、まるごとくぐらせるからである。味をしっかり付けるためだ。これは大黒家ならではの特徴で、一般的な天丼のつゆは上からかける。創業以来継ぎ足してきた秘伝のつゆで、色は濃くても辛過ぎず甘過ぎず、あっさりしている。甘辛のほどよい加減が海老天ぷらのおいしさを引き立てる。「味はこれ以上でもこれ以下でもない」。家訓といった大げさなものはないが、これからも代々の味を継承していくという。

油を混ぜるのが一般的ななか、一〇〇%ごま油を使っているのも特徴的である。揚がった天ぷらは黄金色、いわゆる「金ぷら」で、風味と香りも全然違う。うま味の詰まった揚げ玉がたちどころに売り切れるのもうなずける。

ごま油一〇〇%と聞くと、非常に贅沢に思えるが、かつては、貴重だった卵や小麦粉を

ふんだんに使った天ぷら自体、そもそも贅沢な食べ物だったという。「浅草に非日常を味わいに来る」、そんな店であったし、今でもそう思って来るお客さんが多いようだ。

明治期になると浅草は、浅草寺境内の一部が盛り場として開発され、それにより浅草六区も誕生した。

そこには、明治二三年、俗に「十二階」と呼ばれた、当時の超高層ビル凌雲閣《りょううんかく》が建設され、周囲には今の映画館に当たる活動写真館や浅草オペラの常設館など時代の先端をいくエンターテインメント劇場が相次いで建てられた。浅草六区は日本の最大かつ最新の歓楽街としてたいへん賑わっていたのである。

そんなモダンな町で開業したからだろう、大黒家では蕎麦屋でありながら一階をタイル貼りのモダンなカフェ風の造りにして、椅子とテーブルを置いていた。しかもそのタイルは、二〇一四年に開業百周年を迎えた東京駅の丸の内口にあった一等待合室に使われたのと同じものだという。今でも本店一階には戦災で焼け残ったタイルが貼られており、椅子とテーブルが並んでいる。窓には洋風のレースのカーテンもかかっている。

本店の近くに別館を建てたのは、今から二〇年ほど前である。こちらは天ぷら以外の膳物もあり、宴会もでき、予約も可能。感じのよい座敷が心地よい。

5000円以内で食べたいメニューの一例

海老天丼　1950円

かき玉わん　330円

あじの酢の物　780円

茄子のしぎやき　680円

大黒家天麩羅

東京都台東区浅草1－38－10

電話03－3844－1111

[営業時間]

月～金・日 11:00～20:30

土曜・祝日 11:00～21:00

[定休日]

年中無休

銀座線、東武伊勢崎線、都営浅草線浅草駅より徒歩7分

つくばエクスプレス浅草駅より徒歩5分

煉瓦亭 れんがてい

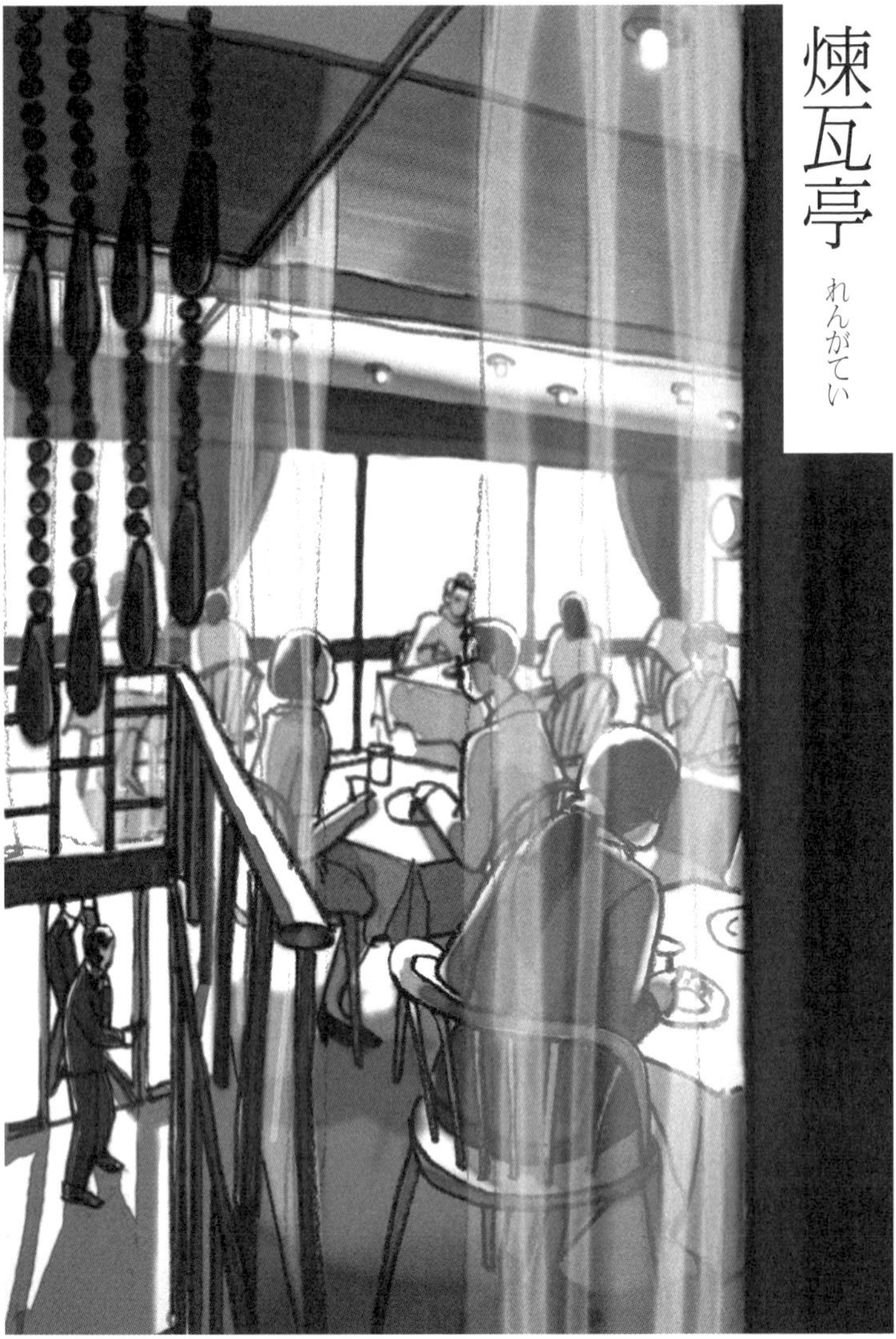

　銀座の真ん中にある煉瓦亭にうかがうと、四代目の御子息ではなく三代目の御主人が出迎えてくださった。「私が町内で一番若いと思っていたら、一番古くなっちゃった」とおっしゃる三代目は昭和九年生まれである。レトロなレジスターが置かれたモダンな造りの一階の洋室で、お店や町の歴史などを語っていただいた。
　銀座も戦後の少し後までは、まだ木造の建物が多くあり、煉瓦亭も例外ではなかったが、「不燃性の建物にしなさい」という行政からの指導があり、ご近所も建て替えたので、昭和三九年の東京オリンピックを機に、地下一階、地上四階のビルに改築した。地下から二階までは洋室なのに、三階だけが和室であるのが気になって尋ねたところ、昭和三九年当時は好景気だったので、大人数でも自由に使えて宴会などが開ける座敷を造る店が少なくなかったそうだ。ちなみに三代目の祖母は、木造の店舗で和服にエプロン姿で洋食を提供していたという。

洋食屋を始めたきっかけは、初代が明治一四年（一八八一）に上野で開催された第二回内国勧業博覧会で行われた格闘技を見て、日本人の体格の悪さを思い知ったからだ。生来の「食いしん坊」も手伝って、体格が悪いのは栄養が悪いからだと考え、日本人に栄養を付けさせようと、肉食つまり「西洋料理」の勉強を始めたのである。

開国間もないこの時期は、まだ洋食というジャンルは確立されておらず、フランス料理を中心とした西洋料理しかなかった。また西洋料理店は、いち早く開港した横浜に集中していたので、初代も横浜に修業に行った。そして数年後の明治二八年に、今の松屋デパートのあたりで西洋料理店を開業した。

屋号の煉瓦亭は、銀座が最新の煉瓦街だったことに由来する。銀座は今では日本一の繁華街として世界にも名を馳せているが、江戸時代までは庶民の町の中心地は日本橋だった。それが明治二年と五年に起きた火事と、それをきっかけにした都市美化計画により、煉瓦街が造られ、ガス灯がともされ、一躍近代的なモダンな町へと変貌をとげた。その煉瓦街という通称の地名をとって煉瓦亭としたのである。

現在の店舗は、中央通りから有楽町駅側に一本入った、現在ガス灯通りと呼ばれる通りにある。まだ若かった祖父母が本店を切り盛りしていたので、三代目の父母が別に店を任されることになり、昭和七年に開店した。本店は松屋デパートの建設にともない大正二年に銀座四丁目に移転。その後昭和二一年からは現在地のみで営業している。

ところで、銀座は一丁目から四丁目までの、しかも中央通りを挟んだ両側の町のみの呼称だった。その他は四丁目の交差点付近の尾張町をはじめ別の町名があり、通称として最近まで旧町名で呼ばれることもあったが、昭和五年には銀座は八丁目まで伸び、銀座西と呼ばれる町名も作られるなど、大きく拡張されていった。

さて、「西洋料理」しかなかった時代に、どのように「洋食」が生まれたのだろうか。その契機の一つは、戦争だったという。

開国後もしばらくは、西洋料理は肉食に慣れない日本人に敬遠されていたが、明治三七年に起きた日露戦争で、若者が戦争に行き人手不足になり、フランス料理で使われる温野菜を作る手間がかけられなくなった。そこで「冒険だった」が、千切りの生キャベツを提供したところ、意外にも日本人の口に合ったのだ。

また、初代は、どうにかして日本人においしくて栄養のあるものを食べてもらおうと、フランス料理をアレンジして、まず天ぷらに似たポークカツレツやカキフライなどのフラ

イ物を作り、次に米を使ったオムライスやハヤシライスなどのライス物を作った。するとこれも好評で日本人に受け入れられた。このようにして「西洋料理」ならぬ日本独特の「洋食」というジャンルが出来上がっていったのである。

もう一つの契機は、新たに造られた近代的な町・銀座に、「新しいものをやる人が集まってきた」ことだという。明治四四年に日本初のカフェとされるカフェー・プランタンが開業し、そこには洋画家や作家、役者、ジャーナリストなどが集まり、また新聞社や雑誌社ができ、マスコミの中心地にもなっていった。町が洋食を育てたとも言えるだろう。

「料理の作り方もメニューも原則として変

えません」と三代目。伝統を受け継ぐ元祖の洋食は、懐かしくも洗練された味がする。

5000円以内で食べたいメニューの一例

ポークカツレツ　1500円
元祖オムレツ　1400円
ハヤシライス　1600円

煉瓦亭

東京都中央区銀座3－5－16
煉瓦亭ビル　地下1階～地上3階
電話03－3561－3882
[営業時間]
月～金　昼　11:15～15:00
　　　　夜　16:40～21:00
土・祝　昼　11:15～15:00
　　　　夜　16:40～20:45
[定休日]
日曜(夏季休業、お正月休業あり)

銀座線、丸の内線銀座駅より徒歩3分

蓬莱屋 ほうらいや

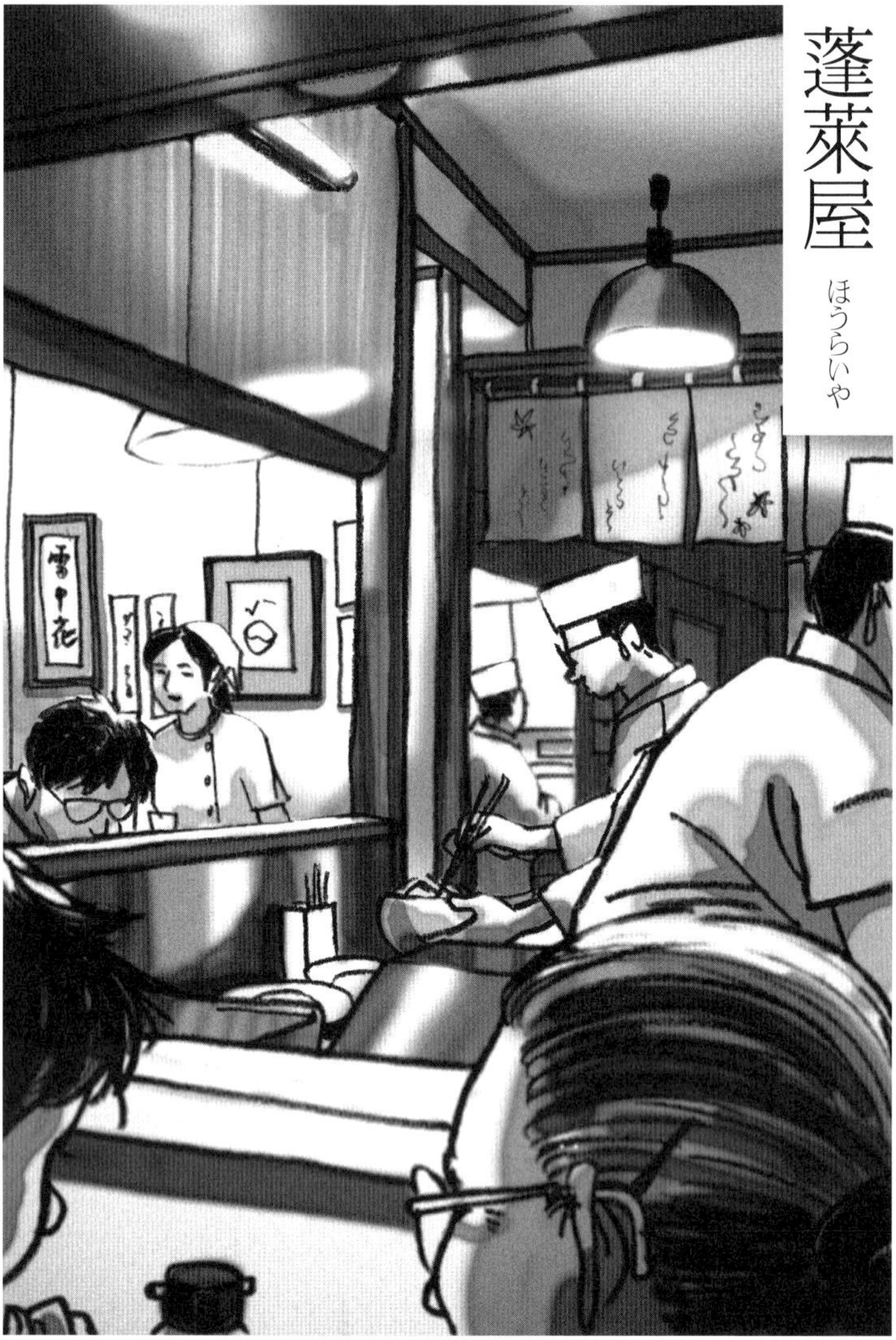

『東京物語』『秋刀魚の味』など、世界的にも有名な数々の傑作を世に送り出してきた映画監督、小津安二郎（一九〇三〜六三）。その小津がしばしば通っていたことで知られるのが、大正三年（一九一四）創業の老舗のとんかつ屋、蓬萊屋である。

場所は、JR山手線の御徒町駅前、具体的にはアメ横の隣、上野松坂屋の裏にある。買い物客でごったがえす町中にたたずむ、しもた屋風の二階建ての小さな一軒家だ。第二次世界大戦後の昭和二三年に再建されたもので、その脇にある木造の佃煮屋と共に、かつての町の面影をわずかに偲ばせている。数年前までは近くに福助という甘味処もあったが、今や影もかたちもない。

この御徒町駅から上野駅までの、いわば「上野エリア」は、とんかつ屋発祥の地とされ、蓬萊屋、井泉、ぽん多は御三家と言われている。それぞれに特徴があるが、蓬萊屋の最大の特徴は、ヒレ肉しか使わないことである。上質なヒレ肉が、薄くて上品な衣に包まれている。お肉は非常にやわらかく、ヒレなのにとてもジューシーだ。

しかし近年、それをしのぐ大きな特色が加わった。それは、跡継ぎが海外の方であるということである。これは、東京の老舗史上においても初の出来事ではなかろうか。今年で三五歳になる現社長は四代目。若々しく美しい端正な顔立ちの女性である。出身は福建省。中国の方だ。今回はこちらの四代目にあれこれおはなしをうかがった。

　中国の学校で日本語を勉強した四代目は、卒業後日本に留学し、日本語学校に入学した。蓬莱屋に入ったのは今から約一〇年前のことである。友達の紹介でアルバイトに入ったのがきっかけだ。中国には炸魚と呼ばれる揚げ物はあるが、とんかつは見るのもはじめてだった。生野菜を食べる習慣もないので、当初はキャベツの千切りも不思議に思えたという。

　蓬莱屋でのアルバイトは異文化を学ぶよい機会にはなったが、日本語学校を卒業したら、すぐに中国に戻るつもりでいた。ところが、先代の三代目の御主人は以前から持病を患っており、七、八年前にとうとう病に倒れてしまった。そのため現社長が養女に迎えられた。中国の両親ははじめひどく驚き反対したが、蓬莱屋の義父母に会って安心し、「どうぞ面

倒を見てください」と、すべてをゆだねたという。
　この時から、日本文化や店の歴史、経営方法、肝心の料理など、あらゆることを教え込まれた。三代目は仕事には非常に厳しく怒られてばかりだったが、家庭ではいつも笑顔でとても優しかったという。四代目は「厳しい教えがあったから今がある」と振り返る。
　病がだんだん悪化した三代目は、教育をはじめて一年後には社長職を四代目に譲り、その後すぐに亡くなった。教育係は義母が引き継いだが、なんとその義母も夫の跡を追うように、約一年後にやはり病で亡くなった。義父は七二歳、義母は六九歳だった。突如たった一人で店を切り盛りしなければならなくなった四代目は、過度のストレスで倒れそうになったという。

厨房で調理をするのは、四代目と同じ時期にアルバイトで入った中国人男性だ。調理は先代に仕込まれた。口数は少なく黙々と働いているが、心には「代々のスタイルと味を変えない」との熱い想いを秘めている。

ヒレ肉は、豚一匹から一本しかとれず、それは二人前から四人前にしかならないようだ。しかし今でも先代の時と同様の肉を仕入れている。肉は非常に厚いので二度揚げする。外側は高温で、内側は低温で火を通す。おいしい千切りキャベツはおかわり自由だ。実は当初ご飯のおかわりだけが自由だったが、先代の時テレビ取材があり、あるタレントが「キャベツのおかわり自由」と言ってしまったのを、訂正しなかったために常態化したそうである。

四代目も料理人も先代から教わったことを守り伝えているが、はじめのうちはお客さんの中に外国人との理由で「味が変わった」と批判する人も少なくなかったという。「何かあれば教えてほしい」と四代目は言う。お客さんとのコミュニケーションも、老舗の味を調える重要な要素である。これからももっと国籍に関係なく対話が増えればと思う。

「蓬萊屋を愛している。儲からなくていい。義父から受け継いだ店を続けることができれば」。海外の方が日本の老舗を守ろうとしている。ひるがえって日本には伝統に無関心な若者が少なくない。蓬莱屋は、そんな日本の今を象徴しているように思われる。

5000円以内で食べたいメニューの一例
ひれかつ　2980円
東京物語御膳　2460円

蓬莱屋
東京都台東区上野3－28－5
電話03－3831－5783
[営業時間]
月～金　昼11:30～14:00
　　　　夜17:00～20:00
土日祝　昼11:30～14:30
　　　　夜17:00～20:00
[定休日]
水曜(水曜が祝日の場合は翌木曜休み)

JR山手線、京浜東北線御徒町駅より徒歩1分
銀座線上野広小路駅、
大江戸線上野御徒町駅より徒歩1分

まつや

　秋葉原は、電気街だった頃も、オタクの聖地となった今も、日本のある種の先端をいく町と言えるのではなかろうか。しかし、万世橋を渡ると一変し、古い木造建築が残るレトロな空間が広がっている。そこは、かつて神田連雀町と呼ばれた町である。以前は江戸の町のあちこちに同様の光景が広がっていたのだろうが、そんな昔の面影を偲ぶことができるのは、今やこの町くらいだろう。
「平成一三年に、東京大空襲を奇跡的に免れた連雀町に残る五軒の店、神田藪蕎麦、あんこう鍋のいせ源、鳥鍋のぼたん、甘味処の竹むら、そしてまつやが、まとめて歴史的建造物に認定されました。民家ではじめてのようです」

そう語ってくれたのは、まつや六代目の御主人だ。静かな口ぶりだが、内にある熱い想いが垣間見える。江戸城下の総鎮守として徳川将軍家の篤い崇敬を受けていた神田明神のお膝元である神田に住む神田っ子は、いわば江戸っ子の代表のようなものである。六代目には、そんな江戸っ子の血が流れていると感じさせるものがある。

まつやの創業は明治一七年（一八七四）。現在の店舗は関東大震災後の昭和元年頃に建てられた。木造二階建ての黒光りする重厚な建造物で、大正時代の様式を採り入れているという。広い店内には椅子とテーブルがずらりと並ぶ。

入れ替わり立ち替わりお客さんが訪れ常に満席だが、天井が高いので全く窮屈に感じない。奥に帳場と厨房があり、かつて二階にのぼる階段があったところは、昭和三七年から手打ちのスペースになっている。

「昭和二〇年頃までに、蕎麦屋は手打ちから機械打ちに変わっていってから、いまだに圧倒的に機械打ちの店が多いんです」と六代目。「機械が悪いと言う人がいますが、そんなことはありません。機械は性能も良く、下手な手打ちよりもおいしい蕎麦が作れます。ただ、本当に上手な手打ちはやはりおいしいので、うちは方針として手打ちに戻しただけです。そもそも蕎麦には色々な選択肢があり、その選択によって様々な蕎麦ができあがるので、色々食べてみて自分の好みを見つけるのがいいんだと思います」と言う。

蕎麦は、原材料や汁の配合などすべてにわたって選択を迫られるものであり、それにより千差万別の味ができる。例えば、「返し」にしても、お店によって生返し（火入れしない返し）を使う店と、本返し（火入れした返し）を使う店があり、また、辛汁、甘汁（種汁）それぞれで、返しと出汁の配分も異なる。

さらに、原材料も味覚も時代によって変わるので、同じ店でも味が同じままであるはずがないという。ただ、六代目が最も気を付けていることがある。それは、「お客さんがいいなと思うラインがあったとすると、常にその上に行っていること」である。

蕎麦の特徴に合う割り粉（つなぎの小麦粉）に巡り会うのは難しいが、それを探し当てた時にはじめて納得の味が出せる。しかし最近では、国産の割り粉を見つけるだけでも難しいという。「外国産も安定させるためには多少は必要ですが、やはり蕎麦には内地ものが一番です。でも、国産の農家が減っているので、値段は高くなる。その分、数を売って商売するしかありません」

そば粉も同様で、「中国産のそば粉は、うどんと同じくらい安いので、使ったり混ぜたりする店もありますが、国産のが一番いいんです。でも生産者が減っていて、とても高い」

「うちの店だけを守っても仕方がない。もとが崩れてしまうとだめだから、そういうところから守らなくちゃ」と、六代目は、日々蕎麦を作りながら、広く蕎麦業界、ひいては日本の農業や食文化にまで思いを馳せる。

六代目は、「江戸時代まで蕎麦屋は、江戸の各町内に何軒もあった、日本を代表するファストフードだったのに、いつしか高級志向になってしまい、今や若い人は、そのへんで簡単に食べられるハンバーガーとかファミレスとかをファストフードだと思っている。だから蕎麦屋は、敷居を高くするんじゃなくて、入りやすくておいしいものが食べられるようにしないといけない」と考えているのである。

農作物の大半は輸入に頼らざるを得ず、大手チェーン店が外食産業を席捲《せっけん》するなど、日本の食文化は絶滅の危機に瀕していると言ってもよいかもしれない。元祖ファストフード店の店主であり、神田っ子である六代目は、そんな日本食文化の行く末も案じているようだ。日本の食を守りたいと思ったら、日本伝統のファストフードを食べに、老舗に行こう。

5000円以内で食べたいメニューの一例
天ぷらそば　2000円
にしん棒煮　800円
ゆばわさび　650円

まつや
東京都千代田区神田須田町1－13
電話03－3251－1556
[営業時間]
月～金　　11:00～20:00
土祝　　　11:00～19:00
[定休日]
日曜(祝日は営業)

JR山手線、京浜東北線神田駅より徒歩5分
丸の内線淡路町駅より徒歩1分

黒船亭 くろふねてい

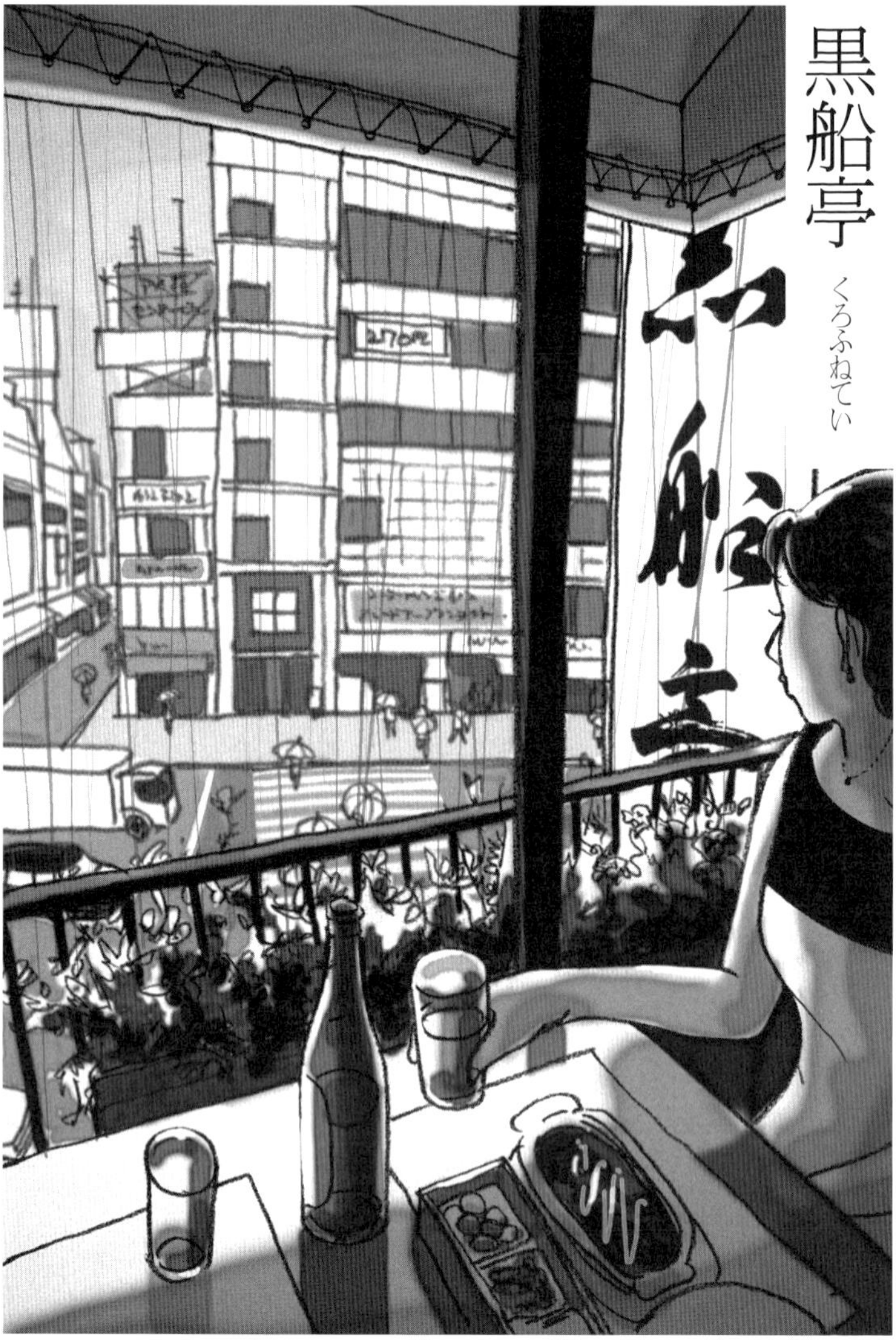

老舗にはいろんな在り方がある。特定の食べ物を提供し続ける店もあれば、食べ物はもとより業態さえも変えながら、時代に寄り添って生きていく、そんな店もある。黒船亭は後者に当たる。寛永寺の門前黒門町で、上野の町と共に歴史を刻んできた。現在は洋食屋をやっている。昭和六一年から始めた店だ。ではどのような道を歩んできたのか。四代目の若々しい御主人におはなしをうかがった。

店の歴史は、上野の山下と呼ばれる寛永寺の黒門の脇に、鳥鍋の料亭を開いたことに始まる。明治三八年（一九〇五）のことである。それは昭和二〇年まで続いたが、東京大空襲で焼失した。

鳥鍋屋に次いで店を開いたのは大正六年（一九一七）のことだ。モボ・モガが闊歩《かっぽ》するモダンな時代になっていたので、現在地で「カフェ菊屋」をオープンした。それもすぐに軌道に乗ったので、翌年には池之端に中華料理店「翠松園」、さらにその後昭和一二年に、同じ池之端に本格中華の「雨月荘」も開いた。こちらは中華料亭ともいうべき、庭園付き木造三階建ての大きな店で、皇族方や三島由紀夫なども訪れた。しかし、これらもすべて戦火で全焼してしまった。

戦後、中華料理店は、喫茶店や映画館などに業態を変えつつ経営が続けられたが、いよいよ昭和四四年、現在地に今のビルを建て、本丸で飲食店業を再開した。そのビルをキクヤビルという。だが、そのビルの名を一躍有名にしたのは、飲食業ではなく、アパレル業としてであった。当時としては非常に珍しい輸入アパレルを扱うビルで、そのお洒落さから、銀座和光と並び称されるほど有名になった。一階で紳士服、二階で婦人服が売られ、四階に「レストランキクヤ」を開業。これが黒船亭の前身である。時あたかも高度成長期だった。

ある時、ジョン・レノンとオノ・ヨーコ夫妻が上野にやってきた。祖父に当たる二代目が、ちょうど上野観光連盟の会長をしていたので、町を案内して、帰りにレストランキクヤで食事をしてもらったという。

また、上野は明治維新以後、寛永寺の跡地に、東京国立博物館や国立科学博物館、東京都美術館、上野動物園などが創られ、日本でも稀有な文教地区となった。そこで二代目、「商人はパトロン」となって「上野の文化を育て」よう、ついては「ドブに金を捨てるつもりで作ってくれ」とタウン誌を創刊。今に続く、名だたる文化人が揮毫《きごう》する読み応えのある「うえの」（上野のれん会）発行はこのようにして始まった。

さらに、「商人は、社長ではなく旦那でありたい」と志し、企業家として利益を追求するのではなく、旦那として「損得勘定抜きに、町や人のためにやさしくできる人」、代わりに「町の人から認められる人」を目指した。世知辛いこのご時勢に「商人」「旦那」「パ

トロン」などという言葉に遭遇し、まだ日本にも気骨のある人がいるのかと、ちょっと気分が高揚した。

この祖父の精神は、父に受け継がれ、孫の四代目も守りたいと考えている。「代々味を伝える性格の店ではないが、地に足をつけて商売したい」

直接現場の空気感に触れるために、週に二、三回は黒船亭の店内を見回る。「時代は変わっていく。同じような商売をしていてもニーズに合わなくなるだろう。でも人は食べることをやめないと思うので、いつまでもみなさんに選ばれている店になっていたい」、そんな思いからだ。

黒船亭という店名は、黒門町の「黒」と「黒船」をイメージしてつけたもの。明治維新のきっかけとなった黒船来航のように、新風を吹かせたいと命名した。今では珍しくないハーフサイズオーダーもその一つ。正直に量と値段を半分にしているので儲けは少ないが、「店の都合ではなく、お客さんのことを考えて」始めたという。

特別な素材を使っているわけではない。メニューも古典的なハンバーグ、シチュー、オムライスなどである。でも最も重視しているのは「おいしさ」。ではどうやったらおいしくなるのか。それは丁寧な仕事以外にない。一手間も二手間もかけた料理は納得の味だ。

ビル一階のショーウインドウを兼ねた玄関には、生花を欠かしたことがない。「美と食は同じ」。四代目のさりげないおもてなしの心が込められている。

5000円以内で食べたいメニューの一例

カニコロッケ　2050円

ビーフシチュー　2600円

黒船亭風 魚介の寄せ鍋　1960円

黒船亭

東京都台東区上野2－13－13　キクヤビル4F

電話03－3837－1617

[営業時間]

11:30〜22:45

[定休日]

年中無休

銀座線上野広小路駅より徒歩3分

JR山手線御徒町駅より徒歩4分

尾張屋

おわりや

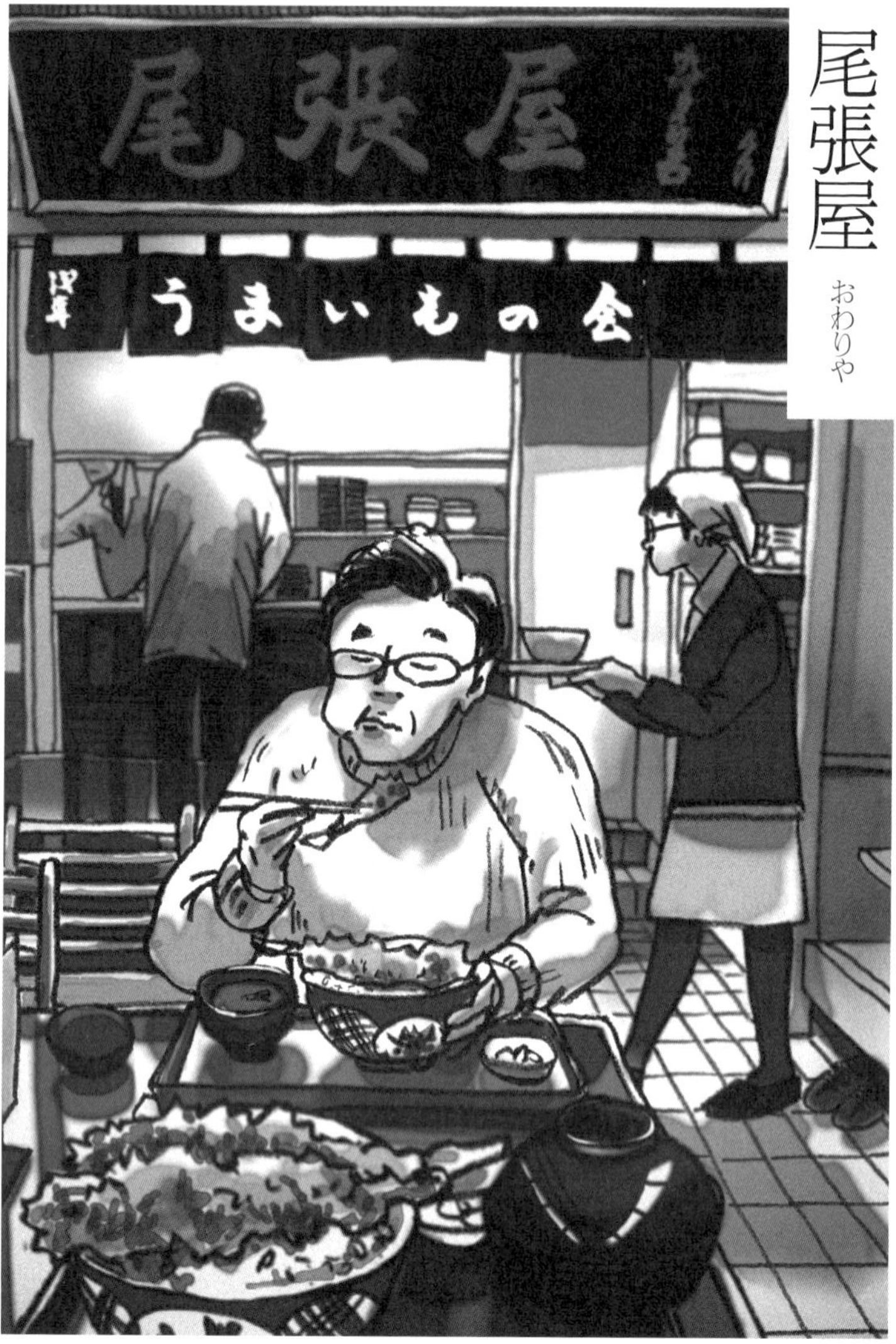

はじめての人は、あまりの海老天の大きさにビックリするかもしれない。

ここ尾張屋は、日本一の繁華街と言ってもよい浅草、雷門の並びにある蕎麦屋である。二〇種類以上はある蕎麦の中でも、大半のお客さんが頼むという看板メニューは、特大の海老の天ぷら蕎麦だ。あたたかい蕎麦を注文すると、どんぶりからはみ出した二尾の海老が目に飛び込んでくる。冷たい天せいろも同様に、蕎麦の隣に大きな海老がデンと座っている。

使われている海老は車海老である。「最近、車海老がたいへん高くなっちゃって困ってるんですけど、それでも今まで通りの車海老を仕入れています」と、礼節を保ちながらも歯切れの良い語り口で、笑顔で話してくれたのは、五代目になる女将さんだ。
海老を揚げる油は、尾張屋のためだけに作ってもらっている特注のごま油で、普通のものよりも色の澄んだ黄金色をしている。香りがよく、さっぱりしていて、揚げ色も美しいので、蕎麦に合うのはもちろん、大きいのに何本でも食べられる。多い人は四本ほど食べてしまうそうだ。この油では海老しか揚げないので、油と車海老のうま味が凝縮された揚げ玉も大人気。

また、蕎麦は吟味された産地から仕入れているのはもとより、一番粉しか使わない。一番粉は量も少なく値段も高くなる。しかしその分、色の白い、のどごしの良い蕎麦ができるので、ここはやせがまんして譲らないという。

尾張屋では「季節のそば」も作っている。春は海老切り、夏は紫蘇切り、冬は柚子切りなどと種類も豊富で、季節感が味わえる。茶そばの作り方も季節のそばと同じだが、上質な抹茶を蕎麦に練り込んでいるので、抹茶の香りが口いっぱいに広がる。「立食パーティーなどで茶蕎麦を食べなれている人でも、うちのを食べると本当にお茶の香りがすると、みなさんビックリされます」と五代目。

お店の歴史をうかがうと、三代目に「蕎麦屋の歴史なんて関係ないよ」とよく言われたという。初代は、江戸の侠客の元締め的存在だった初代新門辰五郎（一八〇〇〜七五）のところにいた鳶だったそうだ。五代目もそんな気質を受け継いでいるようだが、「この御時世には歴史を言わなくてはならないこともある」と語ってくれた。概略を述べればこのようになる。

尾張屋には本店と支店がある。雷門を挟んで隅田川寄りにあるのが支店、反対側にあるのが本店である。しかしそれは言葉だけのことで、祖父母が結婚した時に、祖母の実家も蕎麦屋だったので、そちらを支店、祖父の方を本店と名付けたに過ぎないのだという。

その頃の支店は、今より川寄りの隅田公園の入口近くにあったので花川戸尾張屋、本店は、現在地の旧名を冠した北仲町尾張屋と呼ばれていた。むしろ支店と名付けられた蕎麦屋の方が、総檜造りの派手で立派な造りだったようだ。歴史もこちらの方が古く、明暦三年(一六五七)の振袖火事の記事に出てくる尾張屋がそれと伝わるが、なにぶん関東大震災と東京大空襲で被害にあい、詳しいことは分からないという。

本店も支店も、一階と二階がお店になっている。そして、なんとそれぞれに厨房がある。つまり二軒の店に四つの厨房があり、各々に職人さんたちがいて、蕎麦を作っているのだ。階段を上り下りしているうちに蕎麦がのびてしまわないようにとの考えからである。しかも厨房はお店より大きいという。それだけ蕎麦作りに力を入れているのである。

尾張屋といえば、永井荷風が通って、いつも同じ席でかしわ南蛮を食べていたことで知

られているが、五代目は「文人のお客さんは永井荷風だけじゃないんだけど、誰が言い出したのかしら」と言う。「久保田万太郎の碑がうちの前にありますが、久保万はそこで生まれて、私の大伯母に懸想して、毎日付け文を持ってきたそうです」。こんな面白いエピソードが他にもたくさんあるようだ。

蕎麦屋の定番メニューも豊富だが、常連さんのお気に入りに、木箱入りの焼き海苔というのがある。小さい木箱の底に炭火が入っているのがおもしろい。海苔が湿らないのでゆっくり蕎麦を待つ間を楽しく過ごせるだろう。

5000円以内で食べたいメニューの一例
上天ぷらそば(車えび)　2000円
上天丼(車えび、お吸物と香の物付)　2100円
卵焼き　800円

尾張屋
【本店】
東京都台東区浅草1－7－1
電話03－3845－4500
[営業時間]　11:30〜20:30
[定休日]　金曜
銀座線、浅草線、東武伊勢崎線浅草駅より徒歩5分

【支店】
東京都台東区浅草1－1－3
電話03－3841－8780
[営業時間]　11:30〜20:30
[定休日]　水曜
銀座線、浅草線、東武伊勢崎線浅草駅より徒歩0分

玉ひで
たまひで

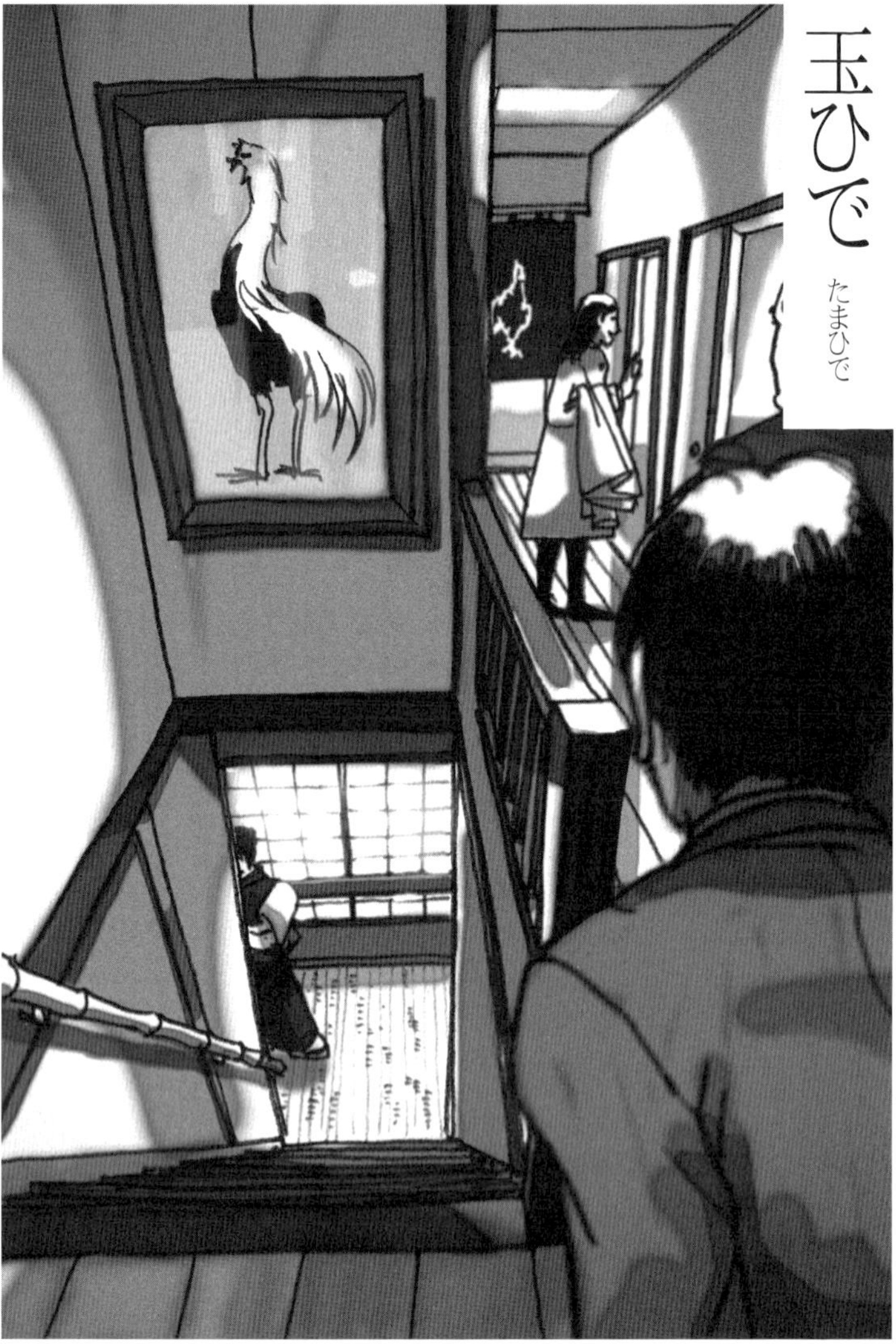

玉ひででは、親子丼発祥の店としてよく知られているが、八代目になる現御主人は、「あったかい親子丼はうちでは食べないものでした」と言う。これを聞いただけではちょっと意味が分からない。そこでじっくりおはなしをうかがった。

玉ひででは、今では親子丼のほうが有名になっているが、実は数少ない軍鶏《しゃも》鍋屋だという。「軍鶏」も「鍋」も現代人には馴染みが薄いため、八代目は不本意ながら「すき焼きと鳥という言葉を使って鳥のすき焼き屋と説明することが増えた」と言う。しかし、軍鶏と鳥、鍋とすき焼きとでは大いに違うようなのだ。

軍鶏肉とは最高級の鶏肉のことである。そもそもタイから移入されたものであり、「しゃも」という呼称もタイの旧名「シャム」に由来する。闘鶏の盛んなシャムの鶏は、気質が荒い上に、玉子も少なく、孵化や繁殖も難しい。ついに二七、八年前に純系の軍鶏が日本にいなくなったので、東京都と玉ひでとが連携して「東京軍鶏」を開発したという。

軍鶏肉がおいしいのは、筋肉の密度が濃く、アミノ酸の含有量が多いからである。上手に煮て食べるとうま味が倍増するため、玉ひでは軍鶏の鍋屋を始めたのである。ただし、この鍋の概念も、今と昔ではだいぶ異なる。

八代目は「おつゆを飲む鍋は江戸の食べ物ではなかった。おつゆのあるものは、ちゃんこ、ちりなどといっておリ、鍋とは呼んでいなかったようです」と言う。つまり、鍋とは

今でいうすき焼きのようなもので、スープ仕立てのものは、鍋とは少し違うものとみなされていたようなのだ。加えていえば、すき焼きは大正一二年の関東大震災後に関西から関東にもたらされた言葉である。以来、東京で牛鍋と呼ばれていたものがすき焼きと呼ばれるようになった。そして、それに伴い桜鍋、どじょう鍋、牛鍋、鳥鍋などの江戸・東京の鍋文化が、次第に人々の記憶から遠ざかっていったのである。

さて、江戸・東京には鳥料理屋と鳥鍋屋はあったが、玉ひでは鳥ではなく庶民の口に入りにくい軍鶏を扱うことを選んだ。それは、玉ひでの初代が徳川将軍家に仕える鷹匠だったことと関連がある。鷹匠の役目として包丁式で鶴を切る儀式も執り行って

いた初代は、その「御鷹匠仕事」のかたわら、腕を活かして、武家屋敷などの限られた顧客のもとへ頼まれた時に出向き、高級食材の軍鶏をさばいて調理する、いわば仕出しを始めた。宝暦一〇年（一七六〇）のことだった。

幕末・明治に生きた三代目の時に、鷹匠職を返上し、人形町の交差点のあたりに軍鶏鍋屋を開いた。四代目までの屋号は、初代の名前にちなむ「玉鐵《てつ》」だったが、五代目の時に秀吉という名前から「玉鐵のひでさん」、略して「玉ひで」と通称され、それがそのまま屋号になった。転機が訪れたのも五代目の時。一つはその玉ひでが現在地に店を構えたことである。その後本店もこちらに統合され、現在に到っている。もう一つは親子丼が誕生したことである。

親子丼は、五代目の妻が軍鶏鍋の割下を玉子でとじた料理を思いついたことにはじまる。以後九〇年間、出前でしか提供してこなかった。いまだ交通手段も保温技術も発達していなかったので、配達した頃には冷めていたという。温かい親子丼をお店でも出すようになったのは、昭和五四年。八代目の父である七代目のときである。

ここでようやく、冒頭の「あったかい親子丼はうちでは食べない」の内容が見えてきたのではなかろうか。すなわち昭和五四年までは、親子丼は出前のための料理だったので、お客さまは冷めたものしか食べられなかった。それならば店での試食も温かいものは食べないことにしようという、家訓のようなものができあがっていたのである。

八代目は割下のことも語ってくれた。玉ひでの割下は、創業以来、醤油とみりんのみで作られている。醤油とみりんが江戸に下ってきた時期が、ちょうど玉ひでの創業と重なるという。その後、幕末・明治の飢饉の際に醤油不足となり、ほとんどの鍋屋が味噌で代用してそのまま元に戻さなかったが、玉ひでは軍鶏鍋の最高級店だったので醤油のまま通したそうだ。

庶民の町の中心地・日本橋に接する人形町の玉ひでには、大店《おおだな》の旦那衆が足繁く通った。こんな旦那衆から大名、将軍までもが召し上がった軍鶏鍋を、是非味わっていただきたい。

5000円以内で食べたいメニューの一例(昼)

親子丼　1500円

極親子丼　2200円

親子ランチ膳　3564円

玉ひで

東京都中央区日本橋人形町1－17－10

電話03－3668－7651

[営業時間]

昼　11:30〜13:00

夜　17:00〜22:00

　　(土日祝日　16:00〜21:00)

[定休日]

年中無休(夏季休業、年末年始を除く)

※6月〜9月の休日夜の営業はご確認ください。

日比谷線人形町駅より徒歩0分

半蔵門線水天宮前より徒歩2分

江戸東京
Edo - Tokyo

東京のことを大都会と言ったりします。その言葉は東京がいかにも広いという印象を与えますが、実は江戸時代には、江戸城を中心とした同心円状の城下町が江戸でした。文政元年（一八一八）にはより具体的に範囲が指定され、朱引内《しゅびきうち》と呼ばれる地図上に朱色で線引きされた地域が江戸とされました。それはおおよそ現在の山手線の内側に当たります。

　今では二三区に多摩地域や離島も含めて東京都になっていますが、江戸の内外を分ける目安とされた品川、新宿、板橋、千住の江戸四宿、つまり東海道、甲州街道、中山道、日光道・甲州街道のそれぞれの最初の宿場も、町場化したのは昭和もだいぶ経ってからのことです。

　東京の老舗料理店も、ほとんどが江戸時代の江戸の範囲内にあります。あたり一面ビル街になっていますが、古くからその町にある老舗に行くと、かつての町並みや人の動線などが自ずと立ち上がってくるような気がします。

4

観光気分も味わえる名店

大多福
おたふく

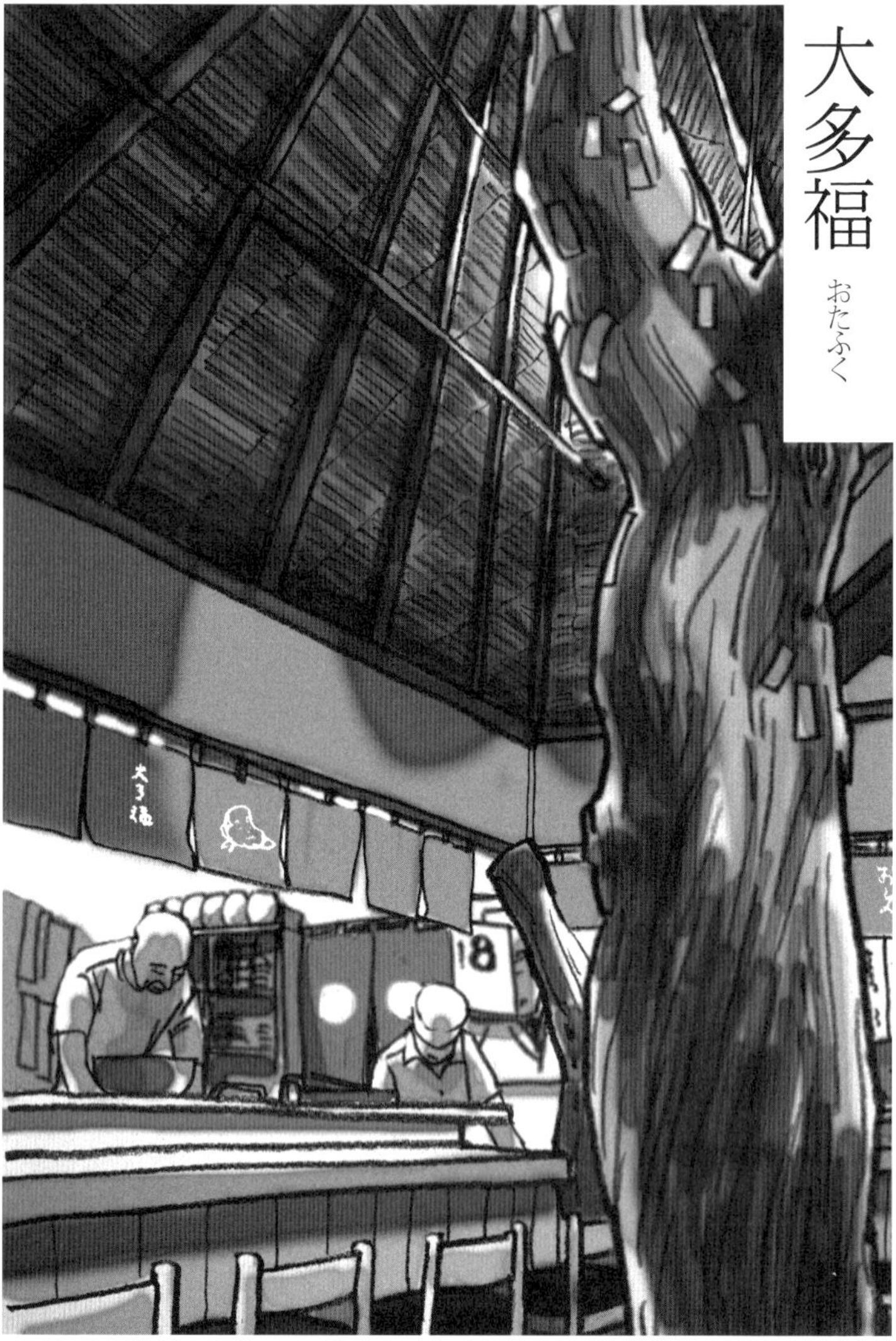

毎日のように国内や海外から大勢の観光客が訪れる浅草。しかし、江戸時代までは、浅草寺と吉原という二つの盛り場以外は、「浅草田んぼ」と呼ばれた田園地帯だったのをご存知だろうか。

明治時代になり、浅草寺の寺域だった一区画が、浅草六区という最新の近代的なエンターテインメント街として開発され、この新たな盛り場にも老若男女が押し寄せるようになった。浅草オペラの劇場や映画館、あるいは十二階と呼ばれた当時の超高層ビル凌雲閣《りょううんかく》など、いずれも今までの日本にはない、新しく近代的な娯楽施設だった。

そして、明治三七年（一九〇四）には市電吾妻橋線、昭和二年（一九二七）には日本初の地下鉄銀座線が開業したため、交通の便が悪かった浅草が、上野から市電や地下鉄で行ける便利な地域になり、ますます人々が集まるようになると同時に、浅草田んぼも次第に開発されていった。

おでん屋の大多福は、その浅草六区や吉原からほど近い、かつての浅草田んぼの中にある。現在の五代目の御主人は、「創業は、大阪の千日前から浅草の現在地に来て開業した大正四年としていますが、どうやらその前まで遡れるようですね」と言う。

ところで江戸時代、浅草田んぼには、田んぼとはいえ蕎麦屋や一杯飯屋などが点在していたようだ。このあたりには五街道の一つである日光道中の裏街道が通っており、また吉

原も近くにあったので、旅の途中の休憩や腹ごなし、または吉原への出前などで需要があったのだろう。河竹黙阿弥（一八一六～九三）の歌舞伎『天衣紛上野初花《くもにまごううえののはつはな》』に、浅草田んぼと一続きだった入谷田んぼの蕎麦屋が出てくるのも思い合わされる。

　大多福も、土地の歴史を受け継いだのか、吉原と少なからぬ縁があったようである。なんでも当初は、貸座敷への出前が中心だったという。貸座敷とは、明治五年（一八七二）の娼妓解放令以後に、遊女屋に代わる公式名称となったものである。五代目は「貸座敷への出前は、寿司、天ぷら、おでん、そば、うなぎなどの手軽なものによく声が掛かったようです」と言う。

　その後、出前だけではなく店舗での営業も

賑わい出す。お店は昭和初期には現在よりもかなり大きかったようだ。庭があったのはもちろん、風呂まで付いていた。浅草田んぼの大多福は、浅草に遊びに来た人々や、隅田川に川遊びに来た人々などが、一風呂浴びてさっぱりしてから食事をする、今でいうちょっとしたバカンス気分が味わえるお店だったのである。

この頃にはおでん以外の料理もよく出るようになった。今でも刺身、焼き魚、とり焼、ご飯物、蕎麦、うどんなどとメニューが豊富なのだが、それは料理屋としての歴史も長いからだろう。おでんが大量に出るようになったのは、戦後の昭和四〇年代後半からである。

大多福のおでんの特徴について、五代目が熱く語ってくれた。

「関東大震災で東京が壊滅した時に、助っ人として関西から大勢の料理人が来て、東京の料理文化にも変化が起きました。おでんも、関東の醤油の利いた濃い色のものから、鰹節と昆布による色が薄めでうま味が強い出汁文化が入ってきて変わりました。うちははじめからその出汁でやっていて、醤油で煮込む濃いものとは違って色が薄いので、その分、具材の色が引き立ちます。そのため近年のヘルシーブームのずっと前から、減塩でもあるし、玉ねぎ、しめじ、ゼンマイ、蕗、人参などの野菜も豊富に入れていました」

確かに、すべての具材が混在した大鍋で、醤油ベースの濃い色の汁で煮る、関東によくあるおでん屋とは異なり、大多福のおでんは大きな長方形の鍋で、「色々な具材が喧嘩しないように」と仕切りで区切ってあり、カウンターからもすっきりとよく見える。「鍋の中のものが完成品であり、それ以上の変化をさせないことを大切にしている」。そのため「完成品を見ることができて安心」と外国人の常連さんも多いという。「不安や不便だと思われないことも、おもてなしではないでしょうか」と五代目。

大多福のおでんも料理も、東京大空襲で被災し縮小したものの残った、木造二階建ての情趣あふれる店内で食べられるが、テイクアウトも可能である。ちょっと変わっていて、素焼きに上薬を塗った「つぼ」に入れてくれるので、興味のある方は試してほしい。

5000円以内で食べたいメニューの一例

おでん各種　110円〜530円
焼豚(自家製)　1400円
季節のおひたし　680円

大多福

東京都台東区千束1−6−2
電話03−3871−2521
[営業時間]

3〜10月	火〜土	夜17:00〜23:00
	日祝	夜17:00〜22:00
11〜2月	月〜土	夜17:00〜23:00
	日祝	昼12:00〜14:00
		夜16:00〜22:00

[定休日]
3月〜10月　月曜
11月〜2月　無休(年末年始を除く)

日比谷線入谷駅より徒歩10分
銀座線田原町駅より徒歩15分

井泉
いせん

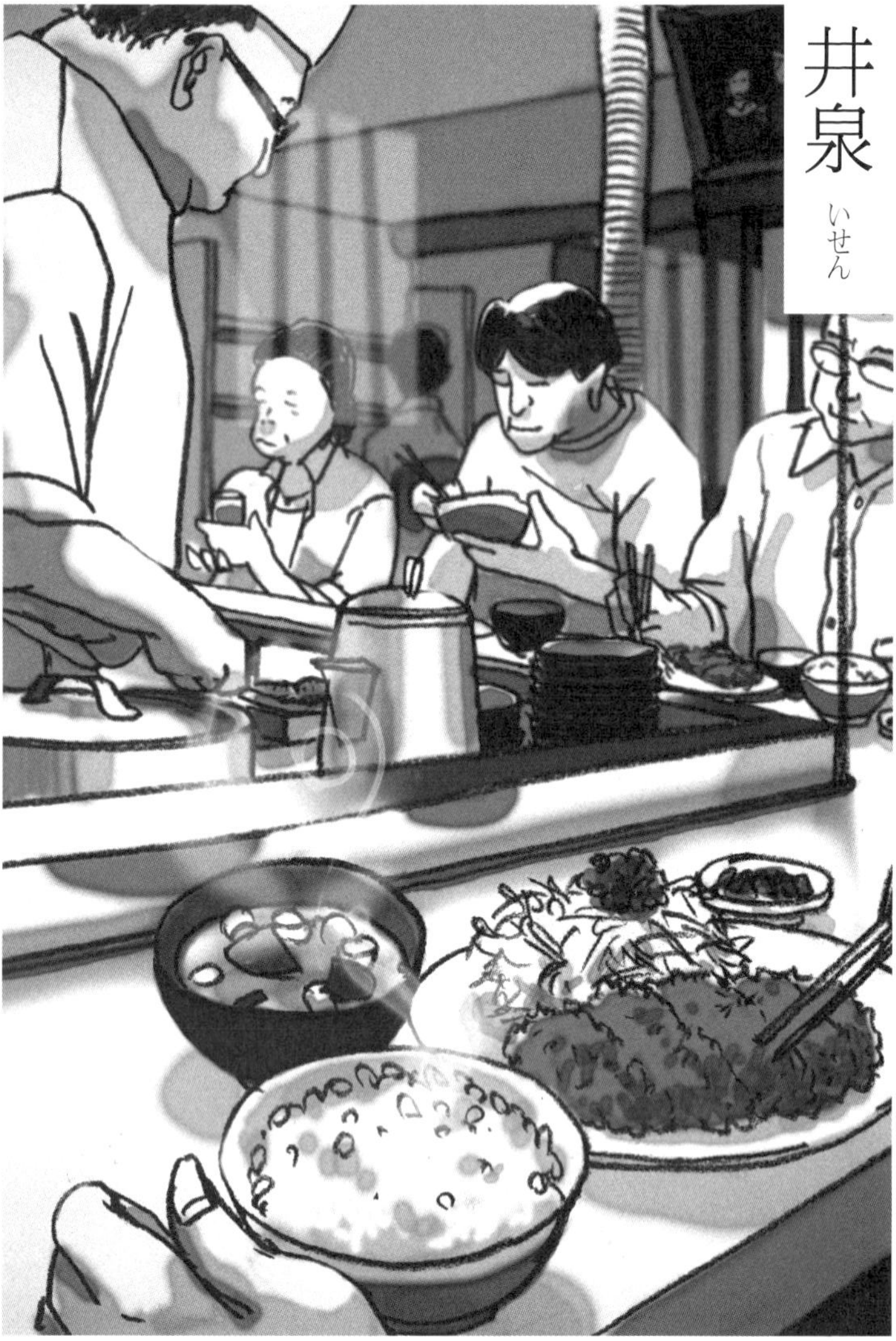

井泉は、箸でも切れるとんかつと、カツサンドの元祖として有名だ。今ではカツサンドも珍しくないが、世間で広く売られるようになったのは平成頃からだという。とんかつをパンで挟んでサンドウィッチにする発想はどのようにして生まれたのか。また、今のようなブランド豚もなく流通も悪かった時代に、どうして箸でも切れるとんかつを作ることができたのか。これらの疑問に答えてくれたのは、三代目にあたる女将さんである。

「三代目にあたる」と言ったのは、まだ女将さんの母である二代目が社長をされているからだ。創業したのは三代目の祖父母である。昭和五年のことだった。

当初は、湯島の天神下、男坂から御徒町

駅へと続く通りに面していたが、そこは馬車道だったため、砂ぼこりが立って店が汚れてしまう。そのためきれい好きな祖母の提案で、太平洋戦争の戦火で焼失したのを機に、通りからちょっと入った現在地に移転した。木造二階建ての店舗はその時に建てられたものである。二階は座敷になっている。とんかつを椅子ではなく座敷で食べるのが珍しいのか、かえって若いお客さんは座敷で食べたがるという。

このあたりは、上野駅から御徒町駅にかけての「上野エリア」にあたる。とんかつの発祥地とされ、昭和初期には楽天、吉田、たいまるなど多くのとんかつ屋が軒を連ねていたという。そういえば最近では双葉が閉店してしまった。一説には跡継ぎがいなかったからとされる。「井泉は一子相伝ではないことが結果的によかったのではないか」と三代目。

店を入ると一階は、今で言うオープンキッチンになっている。祖母は大きな心の持ち主で、お客さんから「技術が盗まれるんじゃないか」と心配されても、「見ても真似ができるわけじゃない」と答えていた。祖父もまた「何も隠すことなんてない」という性格だった。

さて、カツサンドはどのようにして誕生したのだろうか。祖母は銀座の資生堂パーラーへよく行っていた。朝食はいつもジャムトーストと紅茶というハイカラな祖母だった。あるとき、隣の席の芸者さんがハムサンドを食べているのが目に入った。かつて芸者さんは、時代の先端をいくファッションリーダーで、今で言うタレントや女優のような存在だった。その芸者さんの食べるハムサンドがヒントになってカツサンドが生まれたのである。

販売を開始したのは昭和一〇年。とんかつのうま味はそのままに、食べやすくおいしいサンドウィッチにするにはどうしたらよいのか。試行錯誤の末に行き着いたのはパンの成分だった。今も変わらず、とんかつのパン粉とカツサンドのパンは、成分と製法をそれぞれ変えて、特注で作ってもらっている。

では、箸でも切れるとんかつは、どのようにして生まれたのか。

かつて豚肉は今のように種類もなく、しかも一様に硬かったという。そんな豚肉を祖父は「どうにかして食べやすくやわらかいとんかつにしたい」と考え、ついに今のやわらかいとんかつを作る手法を編み出した。肉のそうじをして、包丁を入れ、チョッパーで叩くというものである。今では手法と言うほど新しいことではないかもしれないが、肉をおいしい状態にするには手加減が重要になる。この手作業が井泉の味を支えている。

とんかつの衣に使うパン粉にも様々な工夫が凝らされている。それによってもとんかつのおいしさが引き出される。「パン粉の引き出し」なるパン粉を付ける台も大工さんに特注で作ってもらった。引き出しにはバネも付いていて、これによりパン粉が硬過ぎずふんわりちょうどよく付けられるようだ。

油とキャベツにもこだわりがある。油は、一日に二回、多い時には三回、種油だけを残し汚れたら変えているのでいつでも澄んでいる。食品衛生法により別のものに再利用されるようになったが、それまでは油屋さんが廃油を買いに来ていたという。それほどきれいなのだ。

キャベツは、某新聞社のアンケート調査で「一番おいしい」とされた隠れた名物だ。こんなにシャキシャキした食感のキャベツはないと評価された。手が入れられないほど冷たい水が流れる機械でさらしているからだ。ただし、さらし過ぎると成分が流れてしまうので、これもタイミング、つまり手加減が大切だ。

一朝一夕では真似のできない職人の手わ

ざが冴える老舗である。

5000円以内で食べたいメニューの一例
ヒレかつ定食　1850円
かつサンド9切れ　1350円

井泉
東京都文京区湯島3－40－3
電話03－3834－2901
[営業時間]
月～土　　11:30～20:50
日曜・祝日　11:30～20:30
[定休日]
水曜(祭日の場合は営業)

JR山手線御徒町駅より徒歩3分
銀座線上野広小路駅より徒歩1分

伊豆榮梅川亭

いずえいうめがわてい

東京広しといえども、江戸時代さながらの光景を眺めながら食事ができるのはごく僅かだ。ここ伊豆榮梅川亭は、そんな貴重な老舗である。四季折々に美しい色をなす古木に囲まれ、四方を見渡せば五重塔や上野東照宮、不忍池などが望める。ここは、上野公園の中にある数少ないお食事処なのだ。

実は公園になったのは明治時代になってからで、それ以前は寛永寺の広大な寺域だった。平安時代以来、皇都京都を守護してきた比叡山延暦寺にならって、江戸時代の新都江戸を守護するために、東の叡山として開創されたので、山号を東叡山という。不忍池もしかり。比叡山から見下ろせる琵琶湖を模したものである。

時は移り明治以後、寺域の大半が国や東京都のものとなった。いまだ公園という概念のなかった当初は、繁華街のことだと勘違いした人々により、雑多な茶屋がたくさん作られたが、それらはやがて淘汰され、日本最古の西洋料理屋「上野精養軒」と、「上野の六亭」と呼ばれた六つの貸席が残った。そのうちの二軒が、経営者は変わったが、今でも名称だけ継承されている。その一つは韻松亭、そしてもう一つが梅川亭である。

伊豆榮は、寛永寺の門前町として栄えた不忍池畔の池之端で、江戸中期から営業している鰻屋である。もうすぐ創業二九〇年になるという。歌川国芳（一七九七〜一八六一）の浮世絵『役者尽くし』にも、「いづ榮」「かばやき」という文字が見える。そんな歴史ある鰻屋

が、梅川亭という名称を残しつつ、新たに「伊豆榮梅川亭」として公園内に店を構えたのは平成元年七月のことである。そこには八代目になる現在の御主人の存在があった。

探求心旺盛なアイデアマンの八代目は、さながら中興の祖といった人物で、さまざまな改革を行ってきた。池之端本店を、昭和五九年に昔の面影を残しつつ、近代的で清潔感あふれるビルに改装し、その五年後に伊豆榮梅川亭をオープンした。

料理にも変革をもたらした。看板料理の鰻のほかに、何かもう少し食べたいというニーズに応え、「組み合わせもの」が必要ではないかと考えた。上野公園に遊びに来た人がふらっと立ち寄れるお店は、あるよ

うであまりない。でも鰻だけでは好き嫌いがある。そこで考案したのが、鰻にお刺身や天ぷら、とろろなどを合わせた重物「姫重」「うなとろ重」と、「伊豆榮弁当」などの弁当である。これならば手頃な値段でさまざまな料理が楽しめる。

また、このあたりは江戸時代から寺社が密集した地域で、大きなところでいえば寛永寺や、東京で最も早く祭りが始まる下谷神社などがある。そのため冠婚葬祭などの折に長時間ゆったりと会食できるように会席料理も始めた。さらに、希望すればステーキも用意してくれる。「おしのぎで」と謙遜しているが、「お肉のちょっといいところを使った」ステーキは、やわらかくてとてもおいしい。鰻以外は後発組ではあるが、新たに和食部も設けて、「いつでも旬のものを揃えて提供できるように心がけている」との言葉通り、いずれも美味。

　このような時代に合ったメニューを作りながらも、看板の鰻料理は昔から変わらない。江戸時代からの伝統はしっかりと守られている。秘伝のたれは、砂糖を一切使わず、みりんのほどよい甘さを活かしつつ、少しからめの味付け。鰻は、江戸時代には不忍池で採れたというが、現在は愛知県三河一色産を使用。その鰻をたれに付けながら紀州備長炭でじっくりと焼き上げる。

　この鰻重、会席ではシメで出されて、たいがいの人が満腹で食べきれず持ち帰るが、炭の火力のためか、冷めてもおいしいから不思議である。炭焼きの職人さんたちは、冷房も効かないほどの猛烈な火力に耐えながら、次から次へと大量の炭を熾《おこ》しているという。

　伊豆榮梅川亭を任されているのは八代目のお嬢さん。母親が倒れて現場に出られなくなったので交代したのは一八年前のことである。髪をきりっと結い上げ、明るく快活でちょっとおきゃんな性格は、なんとなく江戸時代の看板娘を彷彿とさせる。この女将も父親に負けず劣らず好奇心旺盛なアイデアウーマンで、毎年上野に大勢の花見客が来るのを見て、折詰を販売してみようと思い立ち、今ではすっかり定番となった。

「時代や社会の状況を把握しながらも、お客さまと地元の方々を大切にする心は絶対に変えない」。女将の力強い一言が印象に残った。

5000円以内で食べたいメニューの一例
うな重　松2700円
きも焼き　756円
うざく　1620円

伊豆榮梅川亭
東京都台東区上野公園4－34
電話03－5685－2011
[営業時間]
月～金　昼　11:00～15:00
　　　　夜　17:00～22:00
土日祝　11:00～22:00
[定休日]
年中無休

JR上野駅より徒歩5分
京成線京成上野駅より徒歩7分

砂場総本家

すなばそうほんけ

砂場は、藪、更級と合わせて御三家と呼ばれる蕎麦の名店だが、創業は群を抜いて古い。本書で取り上げた老舗料理店のなかでも一番長い歴史を持つ。時代は豊臣秀吉の頃にまでさかのぼる。大坂城築城の際、多くの人々の食をまかなうため資材置き場に蕎麦が提供された。その時の通称「砂場」が屋号の由来であるという。

初代は、徳川家康について、表向きは蕎麦屋として、しかし裏では隠密として活躍し、家康山越え中、暗殺計画を察知して未然に防いだと古文書にも記されているというから驚きだ。

とにかく家康が江戸で開府する時、多くの下《くだ》りもののうち蕎麦屋の砂場も含まれていて麹町七丁目で開業した。これが東京の砂場の始まりである。砂場の菩提寺・常仙寺に残る過去帳で、代々「藤吉」と名乗った歴代の砂場の御主人をたどることができるそうだ。

江戸時代に暖簾分けしたお店に室町砂場と虎ノ門砂場がある。また、新小岩や西新宿、新宿区早稲田鶴巻町の砂場も、一二代目の兄弟などが創業した系列店である。これらのお店が集い昭和八年に「砂場会」が結成された。毎月八日に開かれていた会合は今では機会こそ減ったとはいえ絆は固く、系列の異なる砂場も入会し規模も拡大したという。

現在の御主人は一四代目である。早世した一三代目に代わり店を切り盛りしていた母は、いつも髪を結い上げきれいにしていた名物女将だった。そんな母が亡くなり急に店を任されるかっこうになった一四代目は、蕎麦作りから経営の仕方まで分からないことは砂場会に教えてもらったという。「砂場会の方は、隠さずに何でも教えくれる義侠心に富んだ方々で、色々と助けていただいた」と一四代目は言う。

さて、麹町の砂場が現在地の南千住に移ったのは大正元年(一九一二)八月一〇日、一二代目の時だった。南千住は江戸四宿のうち日光・奥州街道の千住の宿に近い江戸の外れで、付近には吉原遊女の投げ込み寺として知られる浄閑寺や、江戸時代の処刑場だった小塚っ原などのある鄙《ひな》びた場所だった。しかし、大正二年に都内で唯一残る路面電車・都電荒川線の始発駅三ノ輪橋駅が開業し、すでにあった商店街の店舗数も増え、今に残る一大商店街「ジョイフル三ノ輪」へと発展した。

昭和五三年にはその商店街にアーケードも設置され、都電三ノ輪橋駅から濡れずに買い物ができるようになり、右肩上がりの時代の波にも乗り、あたり一帯は活気あふれる下町へと変貌した。砂場も、移転当初から人気があったが、町の発達に伴い一三代目の時代には大勢の男衆と女衆が住み込みで働く繁盛店になった。

砂場の蕎麦の特徴は、麺は細くてしゃきっとこしがあり、汁は藪と更級の中間のほどよい濃さで、のどごしがつるっとして何とも言えずよいことである。また、蕎麦湯も独特で、ゆで汁に水で溶いた蕎麦粉も加えてあるので非常に濃厚でおいしい。水は紀州備長炭の白炭を一晩漬けたものを使用し、出汁には本節と宗田節のみで昆布は使わない。代々受け継いできた秘伝の「かえし」は、大きな甕に入れ、寒風の通りがよく空気がよどまない場所で熟成させている。甕の周囲の空気中に含まれる目に見えない胞子菌などが影響し合って、他では真似のできないこの店ならではの味が出るという。

店舗は、戦後の昭和二九年に再建された木造二階建てで、宮大工が造っただけあって随所に粋な工夫が凝らされており、平成七年に荒川区文化財に指定された。一階は船底天井になっている。大黒柱のないきわめて高い天井により、広い店内がいっそう広く感じられる。

窓にかけられた千本格子は、商店街を行き交う人と目が合わないようにする効果もあるが、店内を美しく見せる装飾と、建物の強度補強のための設計上の工夫でもあったらしく、数年前の東日本大震災でも物一つ落ちなかったという。

窓も、上から少し外の景色が眺められるように、下の方だけ磨りガラスになっており、入り口の上方には、今では珍しいドイツ製の小さな曇りガラスがはめてある。床にはこれも今では珍しい金色の真鍮の目地がはめ込まれ、小上がりの座敷の壁には山並みの傾斜を付けた凝った板がはめてある。

一四代目は、面持ちも物腰もたいへんに優しい方で、何事にも感謝の気持ちを忘れない。

その心は店内にも反映されているようで、「戴きものなのでお店に飾って差し上げないと」と木製のラジオや長火鉢、日本人形やレコードのジャケットなどが所狭しと飾られている。

アイビールック姿の一四代目も、このレトロな空間に溶け合っているように見える。蕎麦を食べるしばしの間、時空の迷宮にたゆたいながら、思い思いのタイムトラベルを楽しもう。

5000円以内で食べたいメニューの一例

かけ　650円

カレー南蛮　970円

板わさ　650円

そばがき　1680円

砂場

東京都荒川区南千住1－27－6

電話03－3891－5408

[営業時間]

10:30～20:00

[定休日]

木曜

都電三ノ輪橋駅より徒歩3分

JR常磐線南千住駅より徒歩12分

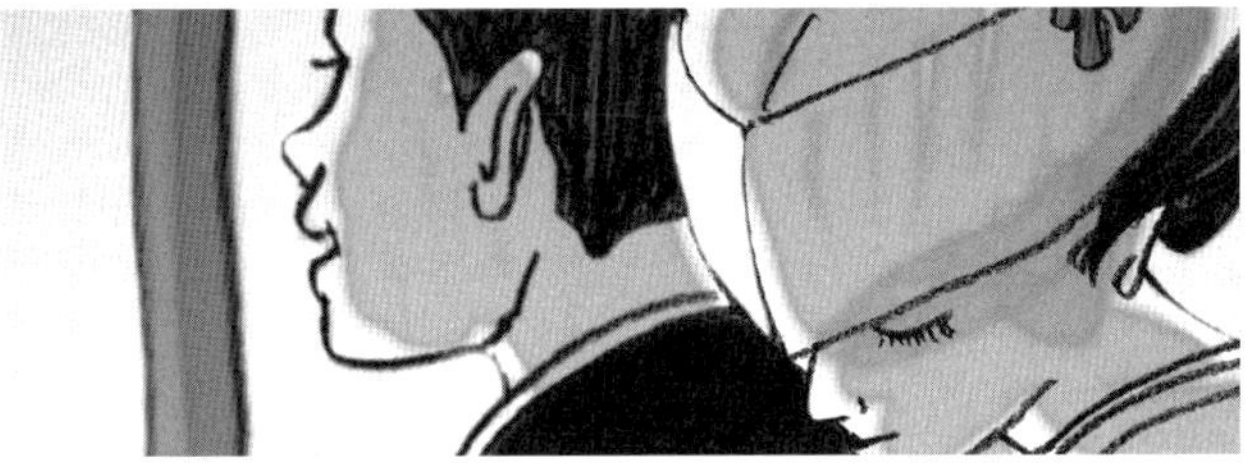

川甚
かわじん

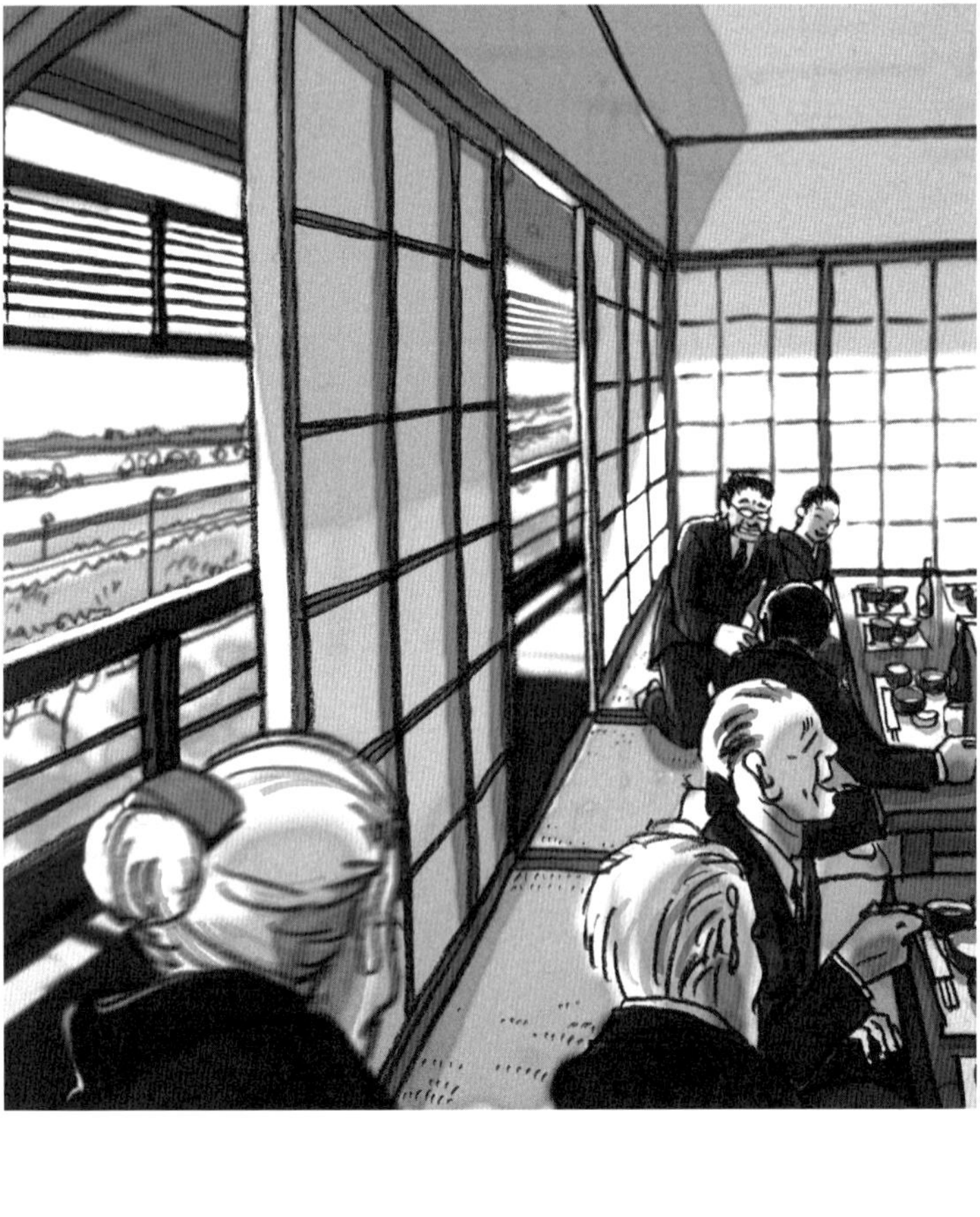

「お兄ちゃん、もう行っちゃうの?」

「さくら。おいちゃん、おばちゃんによろしくな。」

「お兄ちゃん……」

四八作まで続いた山田洋次監督の映画『男はつらいよ』のラストシーンは、主役の寅さんが失恋して、おいちゃんとおばちゃんが営む葛飾柴又にある団子屋「くるまや（とらや）」を去るのが毎回お決まりだった。それが分かっていながら、いつもホロリとさせられてしまう。


京成電鉄金町線の柴又駅は、この別れのシーンによく使われた。四両編成のローカルな電車が、やはりローカルなホームに入ってくる。電車に乗ろうとする寅さんの背中を見ながら、さくらが引き留める。しかし寅さんは電車に乗り、閉まるドア越しに妹さくらに別れを告げる。そして去りゆく電車に向かって、さくらが「お兄ちゃん」と呼ぶ。ホームでの別れのシーンは、たいがいこんな感じだった。

東京近郊の多くが近年の開発により、駅舎も駅前も近代的で画一的な建造物と景観に改造されているのに対して、柴又駅も電車さえも、『男はつらいよ』の第一作が封切られた昭和四四年からあまり変わっていない。柴又に行くと、上野駅から電車で三、四〇分ほどの距離なのに、四〇年前とさして変わらぬ郊外の雰囲気が味わえる。

柴又が開発されたのは、近代ではなく江戸時代だった。柴又帝釈天こと経栄山題経寺の創建は、江戸時代初期の寛永六年（一六二九）である。その後、次第に門前町が形成されていった。また、帝釈天の裏に流れる江戸川は、これも江戸初期に幕府の利根川治水事業の一環として人工的に開削された川である。以来江戸に物資を運ぶ舟運が盛んになった。

特に柴又にとって重要だったのは川が開削されたことだろう。江戸時代までは水運が交通の要だった。江戸の町にも、江戸城を囲む内濠と外濠の他、多数の運河が張り巡らされていた。東京はかなり最近まで水の都だったのである。昭和二〇年の東京大空襲と昭和三九年の東京オリンピックによって、これらの濠や運河のほとんどが埋め立てられて道路に

されたが、江戸時代には舟に乗って物が運ばれ、水上タクシーのように人々が行き来していたのである。柴又も江戸と水路で結ばれ舟で通えるようになったので、郊外の行楽地として浮世絵にも描かれる江戸名所の一つになっていった。

さて、そんな江戸川べりに、川魚を提供する料理屋がポツポツと現れはじめた。川甚は今に残る川魚料理の店である。創業は寛政年間（一七八九〜一八〇一）。明治時代までは、舟で来た客人を番頭が提灯で迎え、川に作られていた生簀《いけす》から川魚を釣って提供するといった風流な風情が残っていたが、大正の河川改修工事と昭和の道路整備などで、川端からちょっと内陸に入った現在地に移転した。

目の前に江戸川や河川敷の広がる清々しい

景色が眺められる柴又は、明治三九年に京成電鉄金町線が開通し、東京から電車で行けるようになったこともあり、半日の行楽を求めて多くの著名人が訪れた。八代目の現御主人にサイン帳を見せていただくと、三島由紀夫や手塚治虫などの名が並んでいた。そう言えば夏目漱石の小説『彼岸過迄』にも登場する。

店舗は、戦前までは木造の日本家屋で、庭の池の上には離れがしつらえられていたが、池水の湿気が畳の傷みを早めるなど管理が難しかったため、最近離れを壊して新館のビルに建て替えた。本館は建築家・中村登一《なかむらとういち》の設計により約五〇年前に建てられたものである。今も斬新さを失わない和洋折衷の造りで、高い格天井には間接照明が埋め込まれている。

二階の大広間からは江戸川の景色が臨める。かつては土手も低かったので、もっとよく川が見えたという。広々とした河川敷の先の川べりには、細川たかしの歌でも有名な「矢切の渡し」が見える。川を渡れば千葉県だ。今なお伊藤左千夫（一八六四〜一九一三）の『野菊の墓』さながらの光景を眺めることができる。

川魚の代表格は鯉である。鯉は、水道水では生きられず、直前まで生かしておかないと臭みがでるため、湧き水の生け簀が必要となる。そんな生け簀は都心には作れないので、「鯉料理を出す店は二三区にはほとんどないでしょう」と八代目は言う。そんなこともあって鯉を食べつけない若者が増えたという。江戸の甘味噌と西京味噌をブレンドした味噌で味付けされた、川甚のおいしい鯉の洗いと鯉こくを、若者にも是非味わってもらいたい。

5000円以内で食べたいメニューの一例
昼御飯限定　花コース　4628円
上鰻重　3780円

川甚
東京都葛飾区柴又7－19－14
電話03－3657－5151
[営業時間]
平日　昼11:00～15:00
　　　夜17:00～21:00(要予約)
土日祝　11:00～21:00(17:00以降　要予約)
[定休日]
水曜

京成線柴又駅より徒歩8分

浅草むぎとろ

あさくさむぎとろ

浅草のランドマーク浅草寺。その雷門から少し隅田川を下ったところに駒形堂がある。ここは浅草寺の起源となった場所だ。縁起によると、推古天皇三六年（六二八）のこと、隅田川で漁をしていた檜前《ひのくま》浜成、竹成兄弟の網に観音像がかかり、郷司の土師《はじ》中知と三人でこれを祀ったのが始まりだという。その観音像つまり浅草寺の本尊の上陸地に建てられたのが駒形堂である。

この小さな堂宇《どうう》の隣にむぎとろは開業した。昭和四年のことだ。いつでも浅草に集う観光客などの大勢の人々で、開店前から長蛇の列ができている。ただしむぎとろは、その他の老舗とはちょっと異なる。というのは、東京の老舗には、いまだ家族経営の店が多いが、二年前に就任したむぎとろの現社長は創業者一族ではないからだ。

ところで、日本の老舗に近いのは、西欧ではブランドといえるのではなかろうか。ただブランドは、たとえばシャネルやエルメスなどのように、歴史ある暖簾と伝統を後世に伝えていくために、家業つまりは創業者の血縁というものには必ずしもこだわらず、時代に合った実力のある人々が経営者やデザイナーなどになることが少なくないようだ。

こう考えるとむぎとろも、ブランドに当てはめることができるかもしれない。そして、もしそう考えられるならば、むぎとろのあり方は他の老舗にとっても示唆的かもしれない。一般家庭でさえも家制度が崩壊しつつあり、グローバル化も加速度的に進んでいる現在、東京の老舗も家族経営だけでは続けるのが難しく、非血縁者が暖簾を受け継ぐこともでてくると思われるからである。

蛇足ながら、江戸時代も暖簾は血縁者が継ぐとは限らなかった。必ずしも「家族」と「暖簾」がイコールの関係にはなかったのである。ではなぜ今に残る東京の老舗のほとんどが家族経営なのだろうか。それは、番頭から丁稚まで多くの非血縁者が一つの暖簾の下で働く江戸時代までの経営形態が失われて久しく、また、そもそも東京の老舗には、大店《おおだな》よりも屋台から始まった小規模な店が多いためではなかろうか。

さて、社長は就任後、むぎとろの伝統を継承することを最重要視しながらも、時代に合った経営のあり方も模索した。本店では、むぎとろのほか、美しくおいしい季節の料理がいただけるようになり、新鮮な魚料理などが手頃に味わえる系列店を増やし、土産物の種類を豊富にした。

一方で、守るべき伝統はしっかりと受け継いでいる。まずこだわったのは、むぎとろの「麦」である。本店が平成一八年に再建されて六階建てのビルになった時、最上階に眺望の意味の「ヴィスタ」というラウンジを設置したが、これに加えて、平成十二年にバーリィ(barley)すなわち大麦という名称を冠した一軒家のバーを浅草ビューホテル脇の路地に創設したのも、麦へのこだわりの一つのあらわれだ。

次に力を注いだのは、店の看板である肝心のむぎとろだった。「米」と「麦」と「とろろ」については、「自然のものなので個体差があるため、従来のように一定の店から仕入れるのではなく、その都度吟味して一番おいしいものを仕入れるようにしています」と、あらためて素材から見直した。

主役のとろろには、特にこだわっている。長芋と違って、水っぽくなく、粘りけが強く、香りがある、高級食材の大和芋を使用。産地も、千葉県産など「うちの出汁に合う」ものを探して提供している。

ごはんの米と麦の配合も独特だ。一般には米を六、麦を四の割合で混ぜるが、むぎとろでは逆に米を四、麦を六にしている。一つには、こだわりの麦の食感が引き立つからであり、一つには、とろろと合わせることで栄養的に最高の組み合わせになるからである。

「とろろは少し多めにかけるとよいですよ」とは社長のアドバイスである。

駒形堂を見下ろす素敵な席で、むぎとろの料理に舌鼓を打っていると、のんびりとした時間が過ぎていく。ときにはそんな休日も悪くない。

5000円以内で食べたいメニューの一例

（昼）
むぎとろ昼膳　4212円

※夜（予約の場合は昼も）
　サービス料10%別途

浅草むぎとろ
東京都台東区雷門2－2－4
電話03－3842－1066
［営業時間］
11:00〜21:00
［定休日］
なし

銀座線浅草駅より徒歩3分
浅草線浅草駅より徒歩1分

食育と老舗
Food Education and Shinise

最近、食育という言葉をよく耳にします。例えばフランスでは、自国の伝統料理を未来に伝えるために、小学生にフランス料理を教えているそうです。それにひきかえ日本では、いまだ老舗料理店は、外食という範疇にとどまっているように思われます。

現代の若者がよく利用する外食店は、ファストフードや格安ファミリーレストランのようです。お小遣いも少ないので仕方ありませんが、若いうちから伝統の味や作法などに触れる機会があってもよいのではないでしょうか。老舗は、伝統的な日本の料理が食べられるだけではなく、木造の歴史的建造物や、床の間や欄間のある和室といった、日本らしさが体験できる場でもあります。

食育というと大げさですが、たまには若者を老舗に連れて行ってはいかがでしょうか。食事のみならず日本の歴史や文化に触れられ、ひいては心を豊かにすることにもつながることでしょう。

あとがき

東京の老舗料理店は、日本で最も新陳代謝の激しい首都の、しかもその中心部、いわゆる都心にあって、過去と現在のはざまに生きる、ちょっと特殊な存在といえるのではないでしょうか。

老舗が時代と共に減少していることは、次のような体験から実感させられています。私は東武カルチュアスクールの講座「古地図で歩き老舗で食べる江戸散歩」の講師として、毎月東京の史跡散歩の後に老舗で昼食をとるという活動をしているのですが、約一〇年で一〇〇軒行ったうち一〇軒ほどの老舗が閉店しています。また、これから行こうと思っていた老舗の中にも閉店してしまったところが少なからずあります。

それは、時代と共に町が変化していくことと関連があるように思われます。地方でも町は大きく変化していますが、なかでも首都である東京の変化は、規模が大きい点で群を抜いています。

まず、東京の町を一変させたものに、関東大震災と東京大空襲という、二度にわたる不測の事態をあげることができます。今年で戦後七〇年を迎えます。戦争の記憶は遠くなりつつありますが、東京は先の大戦で焦土と化しました。母の実家は上野の寛永寺ですが、上野も丸焼けになったので、実家ももちろん焼失しました。

もっとも寛永寺の場合は、明治維新の時にも壊滅状態に陥りました。そもそも江戸城を守護するために鬼門の方角に開山された、幕府の祈願所であり菩提所だったので、明治政府にとっては、いわば敵です。そのため明治時代になると寺領のほとんどが没収され、今では上野公園や上野動物園、東京国立博物館などになっています。

次に、行政や大企業などによる東京の大改造があげられます。東京オリンピックのような国家的で国際的な大規模行事は、その契機となるものの一つです。一九六四年の一回目の東京五輪の時には、あちこちに流れていた堀や川が埋め立てられて首都高速道路になりました。二回目は二〇二〇年に開催される予定です。こんどは東京築地市場の豊洲への移転や東京駅周辺の再開発などが計画されています。ここ数年で東京はまた大きく変わっていくことでしょう。

かつて東京は、小さく区分された町によって形成されていました。そして、各町には同業種の人々が集住し、職住一体化した店舗兼住居が並んでいました。そのため町にはそれぞれ特色があり、町名を聞くだけでそこは繊維街だなとか「やっちゃ場」と呼ばれる青物市場だなといった特定のイメージを思い浮かべることができました。

ところが、効率優先の区画整備が進み、四丁目までしかなかった銀座も八丁目まで拡大されるなど、かつての町がどんどん再編されていき、それにより旧町名の大半が消滅しました。狭かった町は拡張され、小さな家は取り壊され、代わりに近代的な巨大ビルが建設されていきました。そして、それらのビルの中では、国内外からやってきた大勢の人々が働いています。

ひるがえって東京の老舗を見つめてみましょう。老舗は都心にありながら、いまだ職住一体型で家族経営しているところがほとんどです。古い建物で営業している店も少なくありません。さらに、昔ながらの人と人のつながりが生きています。ちょっと大げさかもしれませんが、昔からの東京の面影を残しているのは、もう老舗くらいしかないと言っても過言ではないかもしれません。

別の表現をすれば、老舗は江戸時代以来の約四〇〇年にわたる歴史を有する東京の、

「生活文化遺産」といえるのではないでしょうか。おいしくて安全な食べものを提供してくれるだけではなく、町、店、人にまつわる生活の記憶を宿していて、私たちにそれらの記憶を呼び起こしてくれるもの、それが老舗なのではないでしょうか。

しかし私たちは、飲食店として日常的に老舗に接しているために、このような文化的な価値に気付かずに過ごしています。よく老舗のことを「歴史と伝統のある料理店」などと言ったりしますが、この場合の「歴史と伝統」は老舗の枕詞のようなものであり、実際にはそれらに目が向けられることも、ましてや老舗を取りまく「歴史と伝統」に注意が払われることもなかったように思います。

本書では、老舗のそうした文化としての価値をお伝えすることを心がけました。老舗の方々も、取材の着眼点が従来とは異なるものだったからでしょうか、営業の準備や仕込み、雑誌やテレビの取材の対応などでお忙しい中、「今までにこんなに話したことないよ」とおっしゃるほど、本音で熱っぽく様々なことを語ってくださいました。

十分に意を尽くせなかったかもしれませんが、本書が老舗と読者をつなぐ架け橋になれればと願っております。

末筆ながら、挿絵を描いてくださった冨永祥子氏、表紙の写真を撮影してくださった吉田亮人氏、装幀をしてくださった矢萩多聞氏、何よりも、お忙しいところ取材に協力してくださいました老舗の方々、そして本書の製作に尽力くださいました亜紀書房の編集者内藤寛氏に、心から感謝申し上げます。

二〇一五年六月一二日

安原眞琴

WEBSITE

「東京老舗ガイド」にアクセス！

本書著者、安原眞琴が運営する老舗情報満載のウェブサイトがオープン。英語字幕付きの動画や写真や、老舗にまつわる物や習慣の説明、歴史に関するミニコラムなどを随時掲載。英語版もあるので、日本観光の参考に、ぜひお知り合いの外国の方にもおすすめください。

http://shinise.makotooffice.net

安原眞琴（やすはら・まこと）　東京生まれ。博士（文学）。専門は江戸文学、映像製作。老舗サイト「東京老舗ガイド」運営。立教大学、法政大学、大正大学非常勤講師。主な業績は、主著『『扇の草子』の研究―遊びの芸文』（ぺりかん社　二〇〇三年）、監修『超初心者のための落語入門』（主婦と生活社　二〇〇九年）、映像記録『最後の吉原芸者四代目みな子姐さん―吉原最後の証言記録』（ＤＶＤ発売元 makoto office　二〇一三年）など。

冨永祥子（とみなが・ひろこ）　福岡生まれ。建築家（福島加津也＋冨永祥子建築設計事務所）。工学院大学准教授。主な建築作品に「中国木材名古屋事業所」（二〇〇五年ＪＩＡ新人賞）、「木の構築　工学院大学弓道場・ボクシング場」（二〇一五年日本建築学会賞）など。マンガ執筆も手がけ、二〇一〇年第五七回ちばてつや賞準入選、二〇一一年「めぐる」がモーニング連載。

予算5000円以内！

東京の老舗を食べる

2015年6月25日　第1版第1刷　発行

〈文・写真〉
安原眞琴

〈画〉
冨永祥子

〈発行所〉
株式会社亜紀書房
郵便番号 101-0051
東京都千代田区神田神保町 1-32
電話　(03)5280-0261
振替　00100-9-144037
http://www.akishobo.com

〈印刷〉
株式会社トライ　http://www.try.sky.com

〈装丁・レイアウト〉　矢萩多聞
〈写真〉　吉田亮人　カバー／pp.31, 100, 101

ISBN 978-4-7505-1449-9